AF218085

VOMITORIUM

DIANA J. TORRES

Vomitorium de Diana J. Torres | Prólogo por klau chinche

Este libro es la edición revisada por la autora del libro, Vomitorium de Diana J. Torres publicado en México y Argentina.

Fue impreso, maquetado y diseñado íntegramente desde la autogestión y el amor.

Ilustraciones de portada e interiores: Fisión Ciruja.

Ilustración de contraportada: Álex Xavier Aceves Bernal.

Edición: Sueños de Sabotaje [impresion@traficantes.net]

Maquetación y diseño: taller@traficantes.net

Primera edición: julio 2024

I.S.B.N: 978-84-124417-3-4
Depósito Legal:

Todo el contenido de este libro está bajo una licencia que permite su reproducción total o parcial sin fines comerciales y acreditando la autoría.

VOMITORIUM

PARA LXS VALIENTES QUE SE ATREVEN
A LA AUTOCRITICA,
Y A ALZAR LA VOZ

PRÓLOGO
POR KLAU CHINCHE

Lo que vas a leer a continuación te puede resultar difícil de digerir, incluso indigerible, intragable y quizás indigesto. Agárrate, es probable que experimentes náuseas, arcadas; el vómito es un reflejo natural que a menudo ocurre como una forma de protección, es la forma en que tu cuerpo desecha lo indeseable. Busca un lugar para vomitar. Si estás en casa puedes hacerlo en el sanitario, fregadero o en un cubo. Los fregaderos no son recomendables porque el vómito sale con trozos de comida, probablemente tendrás que quitar tu propio vómito del desagüe. A medida que la necesidad se apodere de ti, cierra la boca hasta que llegues al baño o a un contenedor para no rociar ni salpicar. Trata de tener buena puntería, la precisión será tu siguiente objetivo. Si te encuentras fuera de casa, trata de buscar un bosque o un descampado vacío. Mientras más cerca estés de suelo menos salpicarás, trata de apartarte de la gente y de sus pertenencias. Deja que tu cuerpo vomite o indúcete el vómito tú mismx si hace falta. El vómito, también llamado emesis, vomitada, guacariada o regurgitación es la expulsión violenta y espasmódica del contenido del estómago a través de la boca. La sensación que se tiene justo antes de vomitar (pródromo) se llama náusea (también denominada coloquialmente arcada, ansia o angustia) que puede preceder al vómito o también puede aparecer aislada.

La emetofobia se define como un persistente, anormal e injustificado miedo al vómito, o a vomitar. La emetofilia o vomerofilia (conocida vulgarmente como «ducha romana») es una parafilia en la que la excitación se obtiene por el vómito ya sea viéndolo, induciéndolo o haciéndolo por sí mismx, o también teniendo fantasías al respecto.

De hecho, que te tiren encima el vómito por placer puede llamarse también "ducha de unicornio" porque los tropezones según lo que comiste son de múltiples colores.

Este libro va a remover tus entrañas, estimular tus vísceras y acariciar tu bilis, no te resistas, relaja la raja y disfruta la fruta.

ANTES DE ENTRAR AL VOMITORIUM

Este texto es una urgencia personal, una vomitona incontenible, un saciarme la rabieta. Es posible que de entre toda la espuma haya algo de otras vidas, otros cuerpos, otras vomitonas. También es posible que no.

Alrededor mío todo es desequilibrio y enfermedad. Siempre fue así, cada vez tengo los ojos más abiertos, más cegados; cada vez soy un poco menos tolerante y un poco más cruel, más soberbia, más cabrona. Estoy empachada y escribir es mi forma de purgarme de toda esta porquería que fui acumulando en tantos años de activismo feminista.

Ahí afuera, donde todo hiere y todo embrutece y todo apesta, una multitud de enfermxs desequilibradxs construyen sin tregua los templos de la normalidad. Esa normalidad suya tan corrosiva, tan disparatada, tan mastodóntica. Una normalidad que disimula sus males negando su existencia y que oculta su mierda debajo de la alfombra. Todo está enfermo porque quizás nunca estuvo sano. Ahora, en esta especie de fase terminal y decrépita de esta realidad, solo lxs anormales, lxs que nunca nos inscribimos en ella, lxs que fuimos expulsadxs a patadas hasta hacer de los márgenes nuestro hogar, tenemos la capacidad de construir cosas sólidas, válidas. Lo demás se cae a pedazos. Se lo tienen merecido.

Esta es la mejor forma que tengo para describir todo eso que me es tan ajeno y tan cercano, todo lo que creo que no forma parte de mí aunque cada día que paso sin tratar de destruirlo es como si estuviera contribuyendo a su glotonería. Enfermo. Desequilibrado.

Desde siempre busqué el punto de ruptura de mi balanza personal, no he creído nunca en la bondad ni en la moral aunque tengo muy claro lo que está bien y lo que no lo está. Por supuesto no confío en absoluto en los maniqueísmos, pero sí en mi muy poco indulgente forma de mirar el mundo.

A veces pienso que únicamente sé juzgar sobre mi propio placer, en base a mis propios intereses. Así, todo aquello que no se acomoda en mi vida como placentero es desequilibrado y en cambio no puedo evitar, puesta en la comparación, pensarme a mí misma en equilibrio constante (aunque precario) con todo lo otro.

Y aún hay más: aquí dentro, en el margen asignado o elegido, también hay cosas que hieden, que enferman, que se desmoronan. Es difícil hablar mal de las propias ideas, esas que fueron mucho tiempo ideas-coraza, ideas-tanque, ideas-lecho. Es difícil vomitarse una en su propia boca, sobre sus papeles, sobre sus personas "aliadas". Pero la necesidad supera las dificultades porque no queda de otra. Esto es, lo dicho, una urgencia.

¿Cómo es posible seguir así? ¿Por cuánto tiempo más? Hace rato que sueño con catástrofes. Que imagino tener que hacerme un pasaporte falso para huir a Singapur, tener que aprender a disparar una metralleta, con verme obligada a decir adiós a todo lo que amo porque amo más mi vida, con ser fusilada en un moderno paredón, en cualquier momento. Esto no es más que el fruto de la creciente decepción y desconfianza que siento por las disidencias en las que participo.

En estas páginas encontrarán únicamente mi opinión y la de algunas otras personas que inspiraron la mía, es decir, gente afín. Mi pretensión principal a la hora de escribir esto es que las ideas sirvan para la lucha feminista en particular y para el resto de luchas antisistema en general. Y acá puntualizo desde el principio: no hay nada más antisistema que el feminismo.

Poniéndolo en la ecuación, si la base de este cagadero emocional donde venimos a nacer y a morir es el patriarcado y lo único que lo combate abiertamente y lo pone verdaderamente en riesgo es el feminismo, ninguna otra lucha saldrá victoriosa sin incorporarlo o sin tenerlo en cuenta.

Aunque, desde diferentes luchas y frentes, sí se han ganado batallas y "derechos" (nunca le haría el feo a toda esa sangre libertaria derramada diciendo que no sirvió) claro está que la represión, la tremenda enfermedad del capitalismo, el racismo y la matanza continuada de seres humanos no ha parado ni parará hasta que los pilares de este sistema sean destruidos.

Que la llamada "revolución de las mujeres" ha sido sistemáticamente ninguneada por la gran mayoría de las luchas de izquierda no es un secreto. Y cuando digo ninguneada me refiero a que ha sido considerada siempre como esas cosas secundarias de las agendas que se harán cuando se gane esa hipotética revolución imaginada casi exclusivamente por machos de año cerrado que se creyeron héroes libertarios mientras sus mujeres andaban esclavizadas en la casa pariéndoles los hijos y haciendo los guisados. Mientras eso no cambie, mientras absolutamente todxs destruyamos lo que de patriarcado nos habita, no habrá lucha con energía suficiente para modificar de forma efectiva y perdurable esta culera realidad.

Paco Vidarte escribió su *Ética Marica*[1] porque estaba profundamente molesto con el devenir despolitizado del movimiento "LGTBQ". Lo sé porque puedo sentir en cada una de sus palabras la víscera rabiosa de quien se siente frustrado y enfadado por ver pisoteados los ideales a los que se ha entregado prácticamente la vida. Esa es mi rabia también y es por eso que escribo este libro. Nada que ver yo con Paco y nada que ver su contexto con el mío, y jamás me atrevería a creerme a su nivel porque ser una luchadora de ese calibre es para mí nada más una aspiración. Pero el enfado sí lo traigo en común con él y el mío no es menor que el suyo.

Este libro es un síntoma, es mi estar al borde del hartazgo: estoy muy cansada de que seamos tan torpes para gestionar las alianzas, los egos, las críticas; harta de nuestras discapacidades emocionales, de la oscura hiel de las envidias, de la inmensa carencia de comunicación sana y directa y de las violencias internas. El feminismo es una flota armada muy grande y poderosa pero sus naves hacen aguas por todas partes, nos atacan desde afuera pero como más dañamos es desde adentro y en lugar de andar usando los dedos para tapar los hoyos, para repararlos, los estamos empleando para señalar culpables, cuando en realidad no hay ningunx de nosotrxs que no tenga responsabilidad en este desmadre.

Estoy harta y escribo esto porque no se me ocurre qué más podría hacer, es mi modo de decir que aún no me rindo, que lo que tenemos entre las manos se me hace la cosa más buena y hermosa que le haya podido pasar a esta jodida humanidad en milenios.

Otra cosa importante a mencionar es que este texto está pensado para serle útil especialmente a las personas que pertenecen a mi contexto: europeo (más concretamente de la Península Ibérica), blanco, feminista, disidente, queer, anarquista, etc. ¿Cómo podría yo hablarle a otro contexto? ¿Con qué legitimidad? Una de las cosas más importantes que he aprendido viviendo en México es que no podemos seguir hablando por las personas que vienen de realidades radicalmente diferentes y en las que, además, el colonialismo y el racismo que han condicionado esas realidades con las que conviven a diario proviene precisamente de donde provenimos nosotrxs.

Si a alguien no euroblanco, no feminista, no anarquista y todos esos contextos a los que encamino este libro, mis palabras le resultan de utilidad me parece muy bien, aprovéchenlas si les sirven. Pero quiero dejar muy claro que nada de esto está direccionado hacia ustedes ni a sus formas de llevar a cabo las luchas pues eso es algo que supongo resuelven perfectamente sin nuestra "colaboración".

---

1. VIDARTE, Paco: *Ética Marica: proclamas libertarias para una militancia LGTBQ*. Egales Editorial, Madrid, 2007.

Entonces, feministas y anarquistas euroblancxs como yo, presten atención. Esto es un mensaje directo para ustedes, una autocrítica que espero sea constructiva.

Esto que os voy a contar os lo podéis tomar personal, también os lo podéis tomar político. Yo la verdad preferiría que fuera lo segundo, aunque hayan tantas personas diciendo que una cosa es la misma que la otra. Lo cierto es que, en la práctica, en "lo personal", no es lo mismo. En todo eso que nos oprime a diario, lo que nos quema, lo que nos hiere, lo que nos tumba, no hay nada de personal. Lo personal está solo en las células que componen nuestro cuerpo, en lo que queda dentro de esa frontera de la piel, y ya.

Me gustaría no tener que ofender a nadie con todo lo que sigue en estas páginas, no lastimar, no decepcionar, pero me temo que eso no es posible cuando una quiere decir lo que piensa sin rodeos. Siempre estaremos jodiendo a alguien cuando decimos, de todo corazón, lo que pensamos.

Yo, siendo muy honesta, pienso que estoy hasta el coño de ustedes y de mí misma. Este libro es mi último intento de batalla, un "a ver qué pasa si digo justamente lo que quiero decir", una artimaña para saber si de una vez por todas estas luchas nuestras tienen algo que hacer o si nada más queda rendirnos o dejar que todo siga como está.

No sé lo que es correcto, lo que procede, nunca lo he sabido. Pero llevo un buen rato observando e interactuando, intentando cambiar las cosas, y se me han ocurrido algunas ideas que creo que podrían ser útiles. Acá en estas páginas trato de plasmarlas con el mayor respeto, con la mayor precisión. Ojalá (que viene del árabe "quiera dios") sí os lo toméis como algo político, y no como algo personal. Si algo de lo que leéis acá os ofende pensad si es porque os apela directamente como cultura o como personas. Porque tampoco es lo mismo. Aunque el "quiénes somos" sea tan difícil de separar de aquello a lo que pertenecemos. La pertenencia es una cuestión de identidad. Yo no quiero apelar acá a lo identitario sino a lo que como grupo de identidades, lxs monstruxs, hacemos. Pues hay muchas cosas que estamos haciendo muy muy mal, y ya topé con mi límite.

Como decía mi abuelito: los malos siempre ganan. Ganan porque entre ellos no se pelean, porque les dan igual las ideas, porque solo les importa el poder. La Guerra Civil española se perdió porque una panda de machos orgullosos no supieron y no quisieron ponerse de acuerdo; y mientras los fascistas se lamían el culo entre ellos, y se frotaban las manos, andaban los anarquistas, los comunistas y los socialistas midiéndose las vergas a ver quién la tenía más grande. Nos venció el patriarcado y su forma odiosa de hundirse en lo que somos, en esa identidad de mierda, en ese hacernos creer el guión impuesto.

Este libro es mi último intento. Si no funciona me dedicaré a escribir ficciones y a la carpintería y la cocina. No sé si serán los años o qué (¡edadista!) pero me siento muy desgastada con eso de que toda crítica a las luchas sociales antisistema sea vista como una traición interna. No hay nada más patriarcal que el orgullo. Ese es el peor veneno que traemos adentro. Y este es mi *ultimatum* para vencerlo. Me harté de luchar para no conseguir nada. Me harté de ver todos mis esfuerzos resbalar por la cara atroz del miedo.

Una mañana en mi azotea estaba construyendo una silla. Tomé unas tarimas de la calle, las desarmé, las corté, las pulí y las lijé, luego lo ensamblé todo junto y a la noche tenía algo en lo que me podía sentar. ¿Por qué no puede ser igual con el feminismo, con el anarquismo? Le ponemos tanto trabajo a cosas que no sirven, que no tienen una utilidad real en las vidas, al menos no con efecto inmediato o visible.

Me harté también de esperar. ¿A qué estamos esperando? ¿Qué maldito puto sentido tiene andar peleándonos entre nosotrxs si sabemos dónde vive el enemigo?

Me cansé de esperar. Y me dan ganas de ocuparme únicamente en cosas que empiezo en la mañana y a la noche me sirven para algo, como una silla, como un guiso. A ustedes que se dicen a sí mismxs feministas, anarquistas, activistas, luchadorxs, no sé qué les pasa. No sé cómo pueden tomárselo todo tan jodidamente personal, cómo no pueden ver más allá.

También escribo desde el amor. Todas las personas que comparten esta historia atroz conmigo, que se han cruzado en mi camino de un modo y otro, son una bandada de bendecidxs, tenemos la suerte de poder pensar más allá de lo contado, de lo establecido, de lo obligatorio. No quiero que desperdiciemos la ocasión, estamos hechxs de lo mismo. Vamos allá.

ALGUNAS NOTAS SOBRE LA COHERENCIA

«Las herramientas del amo nunca
desmontarán la casa del amo»

AUDRE LORDE

L A COHERENCIA ES UNA COSA MUY FEA que se nos presenta como algo muy útil a la vez, como el dinero, un asunto del que es complicado zafarse. También es algo que de un tiempo a esta parte está en las bocas de muchxs activistas. "Hemos de ser coherentes con nuestras luchas" dicen. A mí siempre me chirrió un poco porque creo más bien en un activismo de insensatxs, dementes y personas que ponen en duda todo lo que provenga del racionalismo y la lógica, y se guían más por su intuición. Pero igualmente asumí eso de que tenemos que ser coherentes porque no encontraba ninguna otra alternativa posible para sustituir ese concepto por otro más adecuado.

En todo caso ahora la considero algo imposible de alcanzar y siento que el acto de perseguirla no hace más que entorpecer y desarticular las luchas afines.

Justamente esa es una de las cosas que creo que el sistema capitalista patriarcal nos ha arrebatado a quienes estamos en su contra: ¿cómo vamos a ser coherentes si serlo implicaría hacer exactamente lo que se nos ha ordenado hacer? Considero que ya va siendo hora de reconocer que perdimos la posibilidad de la coherencia y que en eso no hay vuelta atrás si queremos persistir en nuestras disidencias. Tomémonos el tiempo necesario para pasar el duelo y sigamos avanzando siendo consecuentes (que no coherentes) con eso que ya no tenemos, con lo mutilado e inutilizado.

Dejar de usar la coherencia para validar o invalidar discursos y prácticas de compañerxs es clave y es lo que quiero exponer acá. Coherentes son nuestros enemigos[2], de ahí que se diga que la coherencia es patriarcal. La estrategia según mi punto de vista no es tratar de ser coherentes al 100% (no nos podemos permitir perder el tiempo exigiéndonos eso) sino, en la medida de lo posible, llevar a la praxis nuestras ideas aunque ello implique contradicciones que de todos modos son algo que no vamos a poder eludir.

La coherencia y el deseo de tenerla es una de las trampas más efectivas en las que se nos fuerza a caer, entre otras cosas para mantenernos entretenidxs en cacerías de brujas internas y generar fracturas insalvables entre nosotrxs. Yo digo que ya es suficiente.

He visto alianzas llenas de potencial caer en las redes de la coherencia y quedar totalmente inservibles. Cuando empezamos a juzgarnos unxs a otrxs con el moralómetro la estamos cagando, mucho, pues destruimos por un lado la sensación de protección y seguridad de la comunidad y por otro evadimos un ejercicio importantísimo para la salud de nuestros círculos: la instrospección que nos permite conocer, respetar y asumir nuestras propias contradicciones. Si nos autoanalizáramos con honestidad pronto nos daríamos cuenta de que aquello que exigimos a quienes catalogamos de incoherentes es algo que sin duda también nos habita; pero bueno, parece siempre más sencillo ver los fallos en lxs demás que al otro lado del espejo.

No quiero decir que no sea necesaria la crítica interna, eso es exactamente lo que estoy haciendo en este libro. Pero tenemos que vigilar desde dónde parten esas críticas y cómo las hacemos, en qué manera, desde dónde. Si nuestra crítica tiene como motivación algún tipo de lucha de egos o proviene de nuestras inseguridades y miedos dentro de la comunidad deberíamos quizás trabajar eso primero antes de soltar nuestra ira a destruir a sus anchas lo que ha costado tanto tiempo y amor construir. Entonces antes de criticar a alguien, especialmente si vamos a enarbolar la ridícula banderita de la coherencia, pensemos bien lo que sentimos por esa persona, porque es posible que nos estemos posicionando como si fuera nuestra enemiga y lo más probable es que eso se trate de una equivocación. Envidia, celos, sensación de inferioridad, hay muchas emociones bien feas pero también bien humanas que nos pueden conducir a actuar de forma totalmente contraproducente con nuestras luchas y con las gentes con quienes las llevamos

---

2. Cuando hablo de "el enemigo" me refiero a muchas cosas, es una cuestión amplia y no quiero que se entienda como una simplificación de lo que enfrentamos pues no lo es. El enemigo es la autoridad que manipula nuestras vidas y se encuentra tanto dentro como fuera de nosotrxs. De todo lo que nos parece nocivo para nuestra libertad habita una pequeña parte de ello en nuestro interior. Quizás esa es la más importante de vencer, la más complicada pues en muchas ocasiones forma parte de lo "identitario". De modo que cuando mencione al "enemigo" a lo largo de estas páginas sugiero que lo primero que hagamos sea ver qué parte de nosotrxs se parece a ello. Voy a repetir esta idea del enemigo interior muchas veces más porque quiero que se nos quede como mantra, usarla como conjuro psicomágico o algo así.

a cabo hombro a hombro. Únicamente deberíamos abrir la boca si sabemos que nuestra crítica proviene del amor que le tenemos al colectivo y a la persona a criticar, e incluso antes de eso siempre deberíamos tener en consideración y poner en balanza qué cosas positivas esx compa está haciendo por la comunidad y de qué modo la está dañando con prácticas o ideas que nuestra cabecita considera incoherencias imperdonables. La crítica debería estar hecha para hacer a lxs demás (y a nosotrxs cuando la recibimos) decir "ah coño, pues tienes razón, he estado haciendo esto de modo incorrecto y perjudicial para todxs, voy a intentar aprender a hacerlo de otra manera, quizás ustedes me puedan ayudar". Y no para que las personas salgan despavoridas de la comunidad porque se sienten demasiado heridas para poder hacer otra cosa. Que te critique quien amas o con quien tienes un vínculo de hermandad es duro, pero es mucho más temible aún que lo haga diciendo que no eres coherente, es demasiado frustrante como para que se convierta en algo constructivo pues, como digo, la coherencia no existe.

¿Es coherente ser hetero y feminista? Y si nuestra lucha incluye ir en contra de la tortura y la violencia ¿tendríamos que ser todxs veganxs? Si nos parece que el progreso es un asco y que toda industria contamina ¿deberíamos ir siempre en bicicleta? Si no queremos beneficiar al Estado nunca nunca nunca, ¿hemos de dejar de consumir tabaco y alcohol? Por favor... Estoy hasta el coño de este tipo de cosas porque nos meten de lleno en el laberinto insondable de ver antes la mierda en los demás que en nuestro propio culo, lo cuál es bastante cómodo por cierto.

Nos hemos enfermado con la puta coherencia, yo digo que el mejor lugar donde podemos ponerla es en una hoguera bien grande y olvidarnos de su validez y existencia de una vez y para siempre.

La hipocresía también juega un papel muy importante en todo esto: ¿es hipócrita quien no es coherente? ¿O tan solo expone sus contradicciones? Para mí hay una diferencia básica: la persona hipócrita tiene un interés personal, es aprovechada, se beneficia de estar entre dos aguas opuestas tomando de un lado y de otro y no genera beneficios a ninguna de las dos partes. No sé si me explico. Además lxs hipócritas hacen las cosas a escondidas, no revelan lo que están haciendo ni a uno ni a otro lado, no porque les dé vergüenza sino como estrategia. Por ejemplo, el legislador que escribe una ley en contra de la prostitución se va cada finde de putas, la señora que va a la mani contra el aborto tiene una empresa que explota y mata niños en el Congo, y así. Los actos hipócritas están carentes de ética, los actos incoherentes la gran mayoría de las veces responden a necesidades o carencias y no tienen nada que ver con la moral de la persona sino con su posibilidad real de reflejar las ideas en prácticas.

De hecho, y espero no herir susceptibilidades con esto, criticar la incoherencia de alguien, es por definición, pura hipocresía.

Propongo, entre otras cosas, bajar la guardia un poco con el coherenciómetro que aplicamos a quienes tenemos alrededor y con quienes compartimos activismos porque nadie, absolutamente nadie, podrá jamás estar libre de contradicciones (de algún modo si eres disidente el sistema te fuerza a ello) y, por tanto, desprovistx de incoherencia. Tal cosa no existe, y de hacerlo sería meramente en un plano imaginario donde el mundo fuera perfecto y, por supuesto, coherente. Pero no es así y si queremos cambiarlo las armas no parten de hacernos mierda entre nosotrxs.

Es muy sencillo desarmar a una persona que se dice a sí misma coherente y que usa esa autoproclama para ganar poder o atención (porque sí, para eso se usa, para romper la horizontalidad que tanto deseamos en nuestros activismos y establecer jerarquías de quién lo está haciendo mejor, como si las disidencias fueran un deporte olímpico). Es tan simple como preguntarle si cree que en todos los ámbitos de su vida está siendo coherente con sus ideas y pedirle que nos describa cómo ha conseguido tamaña proeza. De seguro encontraréis algún elemento disruptivo, es imposible que no lo tenga, menos aún si es alguien que tiene una vida social en un ámbito urbano o que requiere del ámbito urbano para sobrevivir. Con toda honestidad creo que somos el único animal que no es coherente y ahí está la prueba de que ser incoherente es parte de eso en lo que nos han convertido las sociedades en las que vivimos y contra las que de alguna manera luchamos, pues la incoherencia no es "natural". Si encuentran a esa persona absolutamente coherente (¿dónde estará? ¿en una cueva? ¿en una isla desierta? ¿en medio de la selva?) hagan el favor de darse la vuelta y olvidar que existe porque se tratará de un tesoro digno de dejar en paz.

De las personas disidentes que hallé en mi camino que más se aferran al mástil de la coherencia para tratar de adoctrinar a lxs demás son las veganas, las *straight age*, las ambientalistas/ecologistas y, por desgracia, las feministas.

Si creemos que nuestro modo de actuar es mejor que el de otra persona, digámoslo argumentando el por qué y no apelando a que si cree tal cosa no puede hacer tal otra porque entonces la primera (su creencia, su idea) queda anulada. No hay un modo único de ser consecuentes con nuestras ideas, de llevarlas a cabo. A veces pareciera que con esas "instrucciones para ser activista coherente" estuviéramos tratando de convertirnos en una masa descerebrada y asustada por la amenaza de la exclusión, de la funa, de perder esa colectividad que en muchos casos es lo que nos permite sobrevivir. Así que es totalmente necesario relajarse con la doctrina, porque yo al menos no considero que eso sea beneficioso para luchas antisistema, quizás para los ejércitos o para las congregaciones religiosas, las sectas, pero no para nosotrxs.

Entonces no. No voy a ser nada coherente con todo lo que vais a leer a continuación. Seré consecuente, que no es otra cosa que responsabilizarme de las consecuencias de mis actos y mis palabras y de las hermosas contradicciones que las conforman.

ENEMIGXS, ALIADXS Y MUTANTES POSIBLES

MUCHAS VECES HE SIDO TILDADA de esencialista por hablar en términos como enemigo/aliado. Tras un tiempo de meditación sobre esto tengo varias cosas que decir. La primera es que sí: he sido y posiblemente seguiré siendo una bruta básica esencialista, y es que estoy atada a la esencia de las cosas pues es lo que mejor sé comprender; sus disfraces, sus ornamentos, sus derivados, me importan una mierda. Otra es que el lenguaje, cuando queremos que funcione como arma o como herramienta, se dispone para que nos entendamos y no para divagar; ha de ser práctico y ha de significar lo que dice; se me hace el único modo de que funcione en situaciones de conflicto social, bélicas. Si alguien quiere usarlo como juguete para masturbaciones académicas o para hacer *haikus* está todo bien (esto último yo también lo hago) pero para mí esa no es su utilidad en esta guerra. Igual que podemos jugar con tantas cosas, el lenguaje no es una menos, pero siento que nos falta un poco ubicarnos en dónde estamos y para quiénes hablamos. Mi sincera opinión sobre el lenguaje académico es que nomas sirve para que algunxs precarixs vivan de becas y así puedan realizar sus activismos, para jalar recursos del Estado y las instituciones y para que ciertas personas acumulen poder y atención. No considero las eyaculaciones de esas pajas útiles para las luchas de base en las que sí es absolutamente necesario definir quién está de tu lado (aliadxs), quién está en el mundo para causar tu destrucción (enemigxs) y a quién no le importa en absoluto si existes o no (posibles aliadxs o enemigxs).

Para mí hay una diferencia muy grande entre un juguete para intelectuales y un arma para guerrillerxs (esto segundo es la palabra para mí) y estoy convencida que con lo primero no se ganan batallas que trasciendan el papel y signifiquen en la realidad.

Y por último y lo más importante (porque soy bruta pero no inflexible): nadie es 100% aliadx ni 100% enemigx, y el poder de averiguar el porcentaje que convierte a una persona en alguien con quien enfrentarnos o alguien con quien aliarnos (o con quien no hacer nada de nada), reside en el lenguaje, en la capacidad que tengamos de comunicarnos y de poner los pensares en común y calibrar si nos compensa y también que nos ubiquemos en cada situación antes de tomar decisiones. Esto último lo hacemos constantemente pero siento que es importante que sea de modo consciente. ¿Cuándo es otra persona una aliada o una enemiga? Depende totalmente del contexto, especialmente cuando en aquello que necesitamos no interviene la ideología.

Por ejemplo, una vez en una estación de autobuses yo estaba muy angustiada porque iba cargada de maletas, me estaba cagando y las maletas no entraban por los tornos del baño (era de esos de pago). Entonces miré a mi alrededor: Entre toda la muchedumbre había un punky pidiendo dinero para su boleto, un señor con pinta de policía encubierto, una chica vendiendo artesanías con un bebé y otros tres niños de entre ocho y diez años corriendo a su alrededor, un trajeado posiblemente gringo con la mirada clavada en su iPhone y una señora indígena con un rosario en la mano, los ojos cerrados y rezando en voz bajita al lado de su maleta destartalada. ¿A quién le pedí el favor de guardar mis pertenencias mientras iba al baño? Obviamente a la señora que rezaba el rosario. Si era ella mi enemiga o mi aliada eso a mi esfínter no le importó, era ella la que más confianza me inspiró en ese momento. Salí del baño, le agradecí mucho el gesto, me dijo "que Dios te bendija hija, para eso estamos", le respondí las bendiciones, le di un poco de dinero al punky, compré un llavero a la de las artesanías y me subí a mi autobús con las tripas muy aliviadas y sintiéndome medio contrariada por haber pronunciado por primera vez en mi vida "que Dios la bendiga a usted también". De verdad que fue la primera vez ¡a los 34 años! Y me sorprendió que no me ardiera la boca ni se me cayeran los dientes, sino que de hecho me sentí muy bien diciéndolo porque quería complacer y agradecer a aquella dama que me había hecho tamaño favor de poder sentarme en el WC por diez minutos sabiendo que mis cosas estaban a buen recaudo.

Durante el trayecto de casi ocho horas dentro del bus no pude pensar en otra cosa: ¿he sido tan estúpida de considerar a todas las personas católicas mis enemigas acérrimas? ¿De ser tan prejuiciosa comportándome justo como toda aquella gente que en teoría me prejuzga a mí por mi apariencia o mis ideas? De algún modo el prejuicio invisibiliza las circunstancias en las que los seres humanos devienen quienes son y aunque en el pasado sí me lo hubiera podido parecer, en ese momento (situación/contexto) la señora no me resultó en absoluto la culpable directa de que mandaran a todas las hermanas brujas a la hoguera, de hecho y muy posiblemente algunxs de sus antepasadxs murieron a manos de los sádicos usurpadores que ¡ops! vinieron del mismo lugar que yo: España.

He tenido tantas experiencias de este tipo en las que alguien que englobo dentro de la categoría "enemigo" se ha portado conmigo como un o una verdaderx aliadx, que no me ha quedado más remedio que desplazar mi pensamiento y mis ideas a posiciones más flexibles, y aunque este movimiento les reste definición, al menos no se quiebran cuando las doblo.

El poder es inflexible ¿por qué no podemos llevarle la contraria en eso también?

No es sano entender la vida como algo compuesto exclusivamente por enemigxs, aliadxs y desconocidxs como tampoco lo es pensar que esas categorías son inmutables y permanentes. Esto es algo que he hecho mucho en mi vida y mis activismos y después de todos estos años me he dado cuenta de que ese no es el modo de entender los conflictos pues conduce a sectarismos y a muchos muchos prejuicios inútiles. Esos supuestos "bandos" que se dan en toda guerra, en la nuestra están a veces muy diluidos y son inestables, porque andamos en constante ampliación de lo que es nocivo para nuestra libertad o nuestra existencia misma. Por ejemplo, hace algunos años nadie cuestionaba que la asociación directa e indisoluble de "mujer" con "coño" o "vulva" fuera perniciosa y ahora sabemos que sí lo es pues genera la exclusión de las mujeres trans. Así como esta cuestión, hay muchísimas cosas más que a medida que los feminismos avanzan van surgiendo y por eso de algún modo apelo a la flexibilidad como herramienta para no generar más enemistades con quienes definitivamente no son el enemigo. Es posible que nos resulte incómodo y doloroso reestructurar nuestro panteón de "santos y demonios" y reubicar nuestras ideas en posiciones diferentes a las que teníamos pero si con ello le damos una oportunidad a alianzas antes inimaginadas (como por ejemplo el antirracismo) y lo hacemos por la derrota de un enemigo común, claro y bien definido como lo es el patriarcado, el capitalismo, el supremacismo, etc., creo que merecerá la pena intentarlo.

Desde mi punto de vista a veces caemos en enemistades que podrían ser otra cosa si se trataran desde el cariño, la empatía y una mejor comunicación, o nos involucramos con personas que son del todo contraproducentes y tóxicas en nuestras vidas y le seguimos a esas relaciones por causas diversas, principalmente por interés y porque confiamos por *default* en cualquiera que se nos presente como feminista, anarquista, etc. ¡Error!

Pero del mismo modo que no hay garantía ninguna de que una persona de ideología tradicional y conservadora desee nuestro mal, tampoco la hay en que alguien que se enuncie de nuestro lado no nos vaya a hacer mierda la vida.

Estoy cansada de los relatos de violencia machista dentro de espacios libertarios e incluso proclamados como feministas, de fiestas no-mixtas de mujeres y trans en las que se tiene al enemigo en casa y todo acaba en desastre, de personas hipotéticamente aliadas diciendo y pensando cosas que no les perdonaría ni a mis peores enemigos.

Estoy agotada también de que desde algunos feminismos se dé por sentado que todo hombre cis[3] es la encarnación de nuestras opresiones y cabreada porque desde otros feminismos igual de mediocres se considere a todas las mujeres trans como hombres cisgénero camuflados.

Y no estoy siendo demagógica acá, solo quiero que abramos un poco los putos ojos y dejemos de aplicar toda la artillería pesada con gente con la que ni siquiera hemos cruzado una palabra. Esto es importante de considerar si tenemos en cuenta que la inmensa mayoría de lxs habitantes del planeta ¡no son feministas! y que una gran parte de mujeres en lucha consiguiendo modificaciones favorables y reales en su entorno y comunidades no se declaran como tales porque el feminismo les parece una cosa de imperialistas, blancas, colonialistas y privilegiadas (lo cual es en parte cierto). Me pregunto para quiénes hablamos cuando decimos cosas como "feminismo o barbarie". ¿Barbarie? Eso es lo que tiene el mundo cuando salimos de nuestros espacios de confort, el mundo ya es barbarie, con o sin feminismo. Y si queremos que el feminismo venga a sustituirla no tengo mucha confianza en que podamos conseguirlo comportándonos como una secta de desfasadas que parecen haber perdido el norte y haber convertido la lucha en una fábrica imparable de exclusión.

Hay algunas gentes que frontalmente se nos declaran enemigas. Y qué bueno, nos ahorran el trabajo de tener que posicionarlas y de dialogar con ellas. Su diarrea cerebral es su problema, no el nuestro y jamás he sido partidaria de tratar de convencer a nadie o de ir instruyendo a las personas que nos rechazan cual hermanita de la caridad. Otras se nos declaran afines y no deberíamos desconfiar de antemano de nadie que lo haga; ahí entraría el trabajo de conversar, poner sobre la mesa lo que se pretende, lo que se quiere hacer para conseguirlo y tomar decisiones de alianza o no en base a ello. Si queremos lo mismo pero las formas que proponemos de conseguirlo son demasiado opuestas, pues cada unx por su lado y adiós. Si nuestras herramientas son afines pero lo que queremos lograr con ellas no es compatible, lo mismo, *ciao*. Si hay detalles de nuestras ideas que son irreconciliables pero no son el grueso de lo que pensamos, y lo que tenemos en común tiene poder, hagamos el esfuerzo por aliarnos, echémosle imaginación y paciencia.

Luego hay otra categoría de humanxs, a lxs que llamo "mutantes posibles", que vendrían a ser eso tan incómodo que Gabriel Celaya llamaba "neutrales" en su increíble poema *La poesía es un arma cargada de futuro*. Y estas últimas personas son lo que se denomina "las masas": quienes trabajan tantas horas y en tan

---

3. "Cis" o "cisgénero" es aquella persona que se identifica con el género asignado al nacer, en menor o mayor escala, aunque la percepción de su género que tengan lxs demás sea otra. En mi caso, en teoría, soy cis porque me gusta la identidad de mujer, para mí es necesario no abandonarla, aunque la percepción que tenga la sociedad de mí sea de varón afeminado casi siempre.

deplorables condiciones que no tienen tiempo para pensar, las que están despolitizadas porque no saben que existe otro modo de vida, las extremadamente oprimidas por el sistema, las que no tienen el privilegio de disentir, las que no tienen ningún tipo de acceso a informaciones que no provengan del clero o de la televisión, las que están relativamente cómodas con lo que les asignaron y les da miedo cuestionarlo, y de todas estas hay una minoría (sí, una minoría de la mayoría) que teniendo el acceso aunque reducido a informaciones subversivas piensa que todo está bien como está y no cambiarían nada salvo quizás que sus cuentas bancarias fueran un poco más gordas y sus hijxs un poco menos rebeldes. Es justamente esa minoría de las masas (que por supuesto son muchxs más que nosotrxs) la que rápidamente se puede transformar en una cosa u otra y quiero creer que una fracción de responsabilidad sobre eso está en nuestras manos.

Son lxs que votan a quien les caiga o les mienta mejor (como si elegir un presidente fuera como elegir al galán de telenovela), son lxs que pueden un día estar felizmente en la manifestación contra el aborto y al otro día pasárselo bomba en la marcha gay, quienes creen que todos los artistas son unos vagos pero cada vez que tienen visitas las llevan al museo del Prado, quienes pagan su hipoteca y hablan pestes de la okupación pero que si son desahuciadxs se unen a la lucha social con más bravura que cualquier punky, quienes pueden ser extremadamente durxs con un hijo por llevar el pelo largo pero que si ese hijo es encarcelado por un montaje armarán una revuelta popular. Son quienes ven demasiada televisión y leen pocos libros, quienes solo van al dentista cuando duele demasiado, quienes piensan que admirar a Pelé o tener amigxs racializadxs les libra de ser racistas, quienes repiten como loros las consignas de los medios de comunicación como si fueran su propio pensamiento, quienes a veces opinan, quienes van a misa de vez en cuando para evitarse el qué dirán, quienes se endeudan con los bancos, quienes se gastan los ahorros de toda una vida en la boda de su hija, quienes no siempre duermen tranquilxs.

Toda esa gente, esa clase obrera (pocas veces "media") blanca y sureuropea podría muy bien estar de nuestro lado y me consta que muchxs lo están pero no tienen manera de proyectar o aplicar los pensamientos a sus cotidianidades y son, muy muy políticamente incorrectxs cada vez que se asoman a los activismos. De ahí, a pensar en estas personas como colaboracionistas con el sistema capitalista patriarcal, como irresponsables despolitizadxs que perpetúan las opresiones y blablabla, debería haber (y no lo hay) un largo trecho.

Somos nosotrxs quienes de algún modo le hacemos el juego al poder que nos cataloga como una panda de locas regidas por la histeria y el resentimiento cuando con nuestras inflexibilidades abrimos una franja insalvable con esta gente; después, eso sí, se nos llena la boca hablando (sustituyendo sus pobrecitas voces oprimidas) de la lucha de clases y de la violencia doméstica y de todo eso. De hecho, muchxs de nosotrxs pertenecemos a esa clase obrera y algunxs tuvimos la fortuna de que papá y mamá se deslomaron trabajando para pagarnos la universidad o hicieron auténticos malabares para poder respetarnos y comprendernos tal cuál somos.

Un señor mayor que con toda la buena voluntad del mundo me dice mientras cargo una bandera feminista en una marcha que las mujeres somos lo más bonito del mundo porque podemos dar la vida, recibe a cambio mi sonrisa y mi agradecimiento, aunque lo que esté diciendo me parezca parte de la basura que propaga el patriarcado sobre nosotras. ¿Es mi aliado? Sí. Porque lo que transforma a un mutante posible en enemigo o amigo, reside a veces en una acción sutil. También podría haberle dicho amablemente que las cosas están cambiando y que ahora muchas mujeres ya no queremos ser ni bonitas ni madres, que solo queremos ser libres y muy posiblemente el señor me hubiese entendido, o quién sabe, pero no se hubiera ido a su casa con la sensación de que las feministas no sabemos lo que hacemos o lo que decimos, que estamos "fuera de lugar" o que no somos seres humanos.

A veces pienso que cada pequeño gesto que interrumpe la normalidad ahí donde menos se espera que sea interrumpida es lo que provoca los cambios más radicales en las sociedades.

Quienes tengan la paciencia y las ganas de desarrollar otras formas de difundir las ideas, más de calle, más de base, de barrio, aunque esto implique tener que relacionarse con gente (a veces nuestra gente) que dice y piensa cosas que nos hieren y nos enojan, adelante, yo ya lo estoy haciendo desde chiquita porque no puedo dejar de ser quien soy ni venir de donde vengo y tampoco soy capaz de dejar de comunicarme con quienes tengo alrededor únicamente porque mis ideas (en gran parte posibles por haber tenido la oportunidad de decidir qué hacer con mi vida) no sean las mismas que las suyas o sean incluso contrarias.

Una compa muy feminista, un día platicando con su papá sobre la opresión de la mujer y por qué no estaba bien que él diera por hecho que su mamá tenía que servirle siempre el plato de comida, el señor le dijo "No te pagué la universidad para que me vengas a contradecir", ella le respondió que claro que sí, que lo había hecho justo para eso, porque aunque solo sea por intuición sabía que la sociedad está podrida y quería que su hija tuviera un futuro mejor. El papá acabó asintiendo y diciéndole "hija, qué inteligente eres".

Siento que podemos intentar este tipo de comunicación y abandonarla cuando sintamos que nos está hiriendo demasiado. No tiene que ser un sacrificio, podemos tomárnoslo más bien como un juego de mesa, pero en lugar de usar fichas usamos ideas. Y puede pertenecer absolutamente a nuestra cotidianidad, fuera de los foros feministas, un lenguaje alejado de toda retórica.

Lo único que garantiza que nuestras alianzas estén firmes y definidas, lo vuelvo a decir, es el lenguaje, la comunicación, y no nos podemos seguir comunicando en un idioma que solo entendemos nosotrxs y a veces ni eso. Tenemos que confiar más en la justicia de nuestro pensamiento y propuestas y entender que es el modo de expresarlas y no su esencia lo que está trabando una comprensión más amplia de las mismas. No digo que seamos más dóciles con el enemigo, no. Digo, honestamente, que no saquemos las armas si no estamos segurxs de que quien tenemos delante merece ser atacadx.

Hay cuestiones que nos pueden hacer enfadar con nuestrxs aliadxs pero que no deberían ser destructivas o lo suficientemente graves como para generar una ruptura en la lucha contra quienes claramente nos quieren muertxs. Podemos decepcionarnos con algunas alianzas, podemos dejar de pensar que su compañía nos conviene, podemos mandarlxs a la mierda, sacarlxs de nuestras vidas o quizás de un modo menos radical, mantener una relación distante únicamente enfocada en cuestiones políticas y de activismo. Lo que creo que no podemos permitirnos dada la podredumbre que nos rodea, es enemistarnos entre nosotrxs. Primero porque vamos a gastar un montón de rabia y energía que muy bien podríamos usar para combatir verdaderxs enemigxs o a hacer algo que nos haga bien. No vamos a obtener jamás ningún beneficio de batallas internas sino que al contrario estaremos esparciendo veneno por el corazón de lo que nos levanta y nos mueve.

Yo sé que es imposible amar a todas las individualidades con quienes compartimos ámbitos de resistencia, pero que luchen por lo mismo que nosotrxs debería bastar para querer que permanezcan a nuestro lado.

Siempre que me entero de que dos personas que antes accionaban juntas se han convertido en enemigas me invade una tremenda tristeza, pues es la muestra más clara de que hemos fracasado en muchas cosas: en la comunicación (que se enemisten por *Facebook* sin siquiera haberse visto las caras me da más rabia aún[4]), en nuestra capacidad conciliadora, en nuestras herramientas para sanarnos cuando alguien a quien queremos y/o valoramos nos hace daño, en el respeto mutuo, etc. Creo que cuando este tipo de virus empieza a revelar sus síntomas todxs deberíamos acudir al rescate para tratar de mediar y solucionar el problema conjuntamente antes de que se trate de algo irreversible. En lugar de eso, ¿qué es lo que hacemos? Nos cerramos en bandos, entramos al terrible juego de "o estás conmigo o contra mí", dejamos ver una inmadurez suprema como movimiento, como lucha política cuando no solo permitimos que estas cosas pasen sino que

---

4. A este tema de cómo gestionamos la comunicación (en redes y fuera de ellas) le he dedicado un capítulo completo más adelante, porque creo que lo merece mucho.

las alimentamos con nuestra porción de veneno correspondiente. Y mientras todo eso pasa, el enemigo de verdad se sienta en su sofá de piel a rascarse las pelotas y a reírse de nosotrxs.

Sé que es muy duro que haya feministas diciendo atrocidades como que las compañeras trans son machos infiltrados, que las putas son todas víctimas, que es nuestra responsabilidad educar a los hombres, que para ser feminista todas tenemos que ser lesbianas aunque sea a la fuerza, etc. Están jodidas de la cabeza, no nos pueden dañar, y lo único que deberíamos hacer con ellas es dejarlas de lado, ignorarlas. ¿Perjudican al feminismo? Sí. ¿Lo perjudican tanto como para que no tengamos cosa mejor que hacer que arrancarnos los moños con ellas? No. No tienen tanto poder y el que tienen se lo hemos dado imprudentemente nosotrxs prestándoles atención y entregándoles nuestra energía, nuestro cabreo.

Lo que propongo básicamente es que seamos flexibles a la hora de catalogar, a la hora de definir bandos. Que seamos cautelosxs y no presupongamos nunca la posición de nadie porque puede sorprendernos para bien o para mal[5], que calibremos muy bien dónde ponemos nuestra rabia, que nos permitamos la decepción y el enfado pero también poder seguir adelante con nuestras heridas y mutaciones. Y, también, que tengamos siempre muy presente que absolutamente todxs traemos fragmentos de aquello que odiamos bien injertados adentro, es lo que somos, y algunas personas tratamos arduamente de extirpar esas partes o intentamos que no se desarrollen más. Ese sería el trabajo que tenemos siempre pendiente con el enemigo interior, a quien también de algún modo podemos conseguir transformar en aliado. ¡Todxs tenemos un mutante posible adentro!

Parece que este capítulo lo hubiera escrito para la Diana de hace un par de años. Quizás eso hice, creo que hace un par de años me hubiese venido muy bien leer algo así.

Es muy importante que aprendamos a oler la esencia de las personas que nos rodean, que aprendamos a compartirnos, a posicionarnos y, sobre todo a ser flexibles, a estar dispuestxs a mutar si ello beneficia nuestras causas.

Nadie, por defecto, es un enemigo o un aliado. A ver si nos metemos esto en la cabeza de una bendita vez.

---

5. La figura del infiltrado es crucial en todas las guerras, ¿qué nos ha hecho pensar que la nuestra carece de ese elemento?

COMER, COMER, COMER

A veces pareciera que algunos discursos antiespecistas y veganos pasaran por alto el hecho de que nosotrxs también somos una especie animal, de homínidos, concretamente. Siento comenzar este capítulo de un modo tan tajante y me gustaría no espantar a nadie de antemano con mis palabras pero es que de esto, al igual que de todo lo demás, también estoy cansada. Decir "he decidido excluir de mi vida toda forma de explotación y abuso de animales" es cuanto menos una paradoja a no ser que se haya dejado de considerar a lxs humanxs como animales, lo cuál no vendría a ser más que una forma de especismo selectivo[6]. Con esto quiero decir que si ser antiespecista y veganx es un gesto consecuente entonces la alimentación vegana debería estar compuesta por alimentos procedentes únicamente del autocultivo, cosa que resulta bastante excepcional en nuestras sociedades y las personas que combaten el especismo (que es un hecho, existe, es una discriminación real y extendida) deberían ver al humano como un animal más comportándose como desea, lo cuál es un absurdo.

La primera vez que maté un pollo para comerlo después sentí una satisfacción inmensa; no por cuestiones de poder ni de sadismo sino porque asumí una parte de mi propia animalidad que no nos enseñan en las escuelas y que las industrias alimentarias, esas máquinas de crueldad y sufrimiento, nos sustituyen por bandejas de poliexpán colocadas estéticamente en los supermercados, algo que no genera incomodidad, alejado de la sangre y el dolor. Tenía apenas siete años y hasta ese día nunca me había pensado a mí misma como animal porque nos adoctrinan para presuponernos "algo más que eso", algo superior. Pero pues la verdad es que no somos más que eso: animales. Si nos

---

6. La definición que se genera en 1979 desde la *Vegan Society* deja claro que el ser humano no está siendo considerado un animal: «[...] una filosofía y forma de vida que persigue excluir (tanto como sea posible) toda forma de explotación y crueldad hacia los animales por comida, ropa o cualquier otro propósito; y por extensión, promueve el desarrollo y el uso de alternativas sin animales para beneficio de los humanos, los animales y el entorno. En términos alimentarios implica la práctica de prescindir de todos los productos derivados total o parcialmente de animales». La traducción es mía. Texto obtenido de *https://www.vegansociety.com/about-us/history*

despojaran de esta cultura, de toda la política, si nos regresaran a un estadio anterior a todo lo que hemos construido, mataríamos a otros animales sin pensarlo dos veces. Lo sé porque eso es justo lo que estaban haciendo absolutamente todos los grupos humanos antes de convertirse en "sociedades" y "civilizaciones".

Y nosotrxs, esta especie, somos para bien o para mal (más mal que bien) este "descuido" de la evolución justamente porque empezamos a asesinar a otros animales para comerlos, si no, seguiríamos "por las ramas".

Diversas investigaciones[7] sobre cuestiones evolutivas afirman que si no hubiésemos empezado a comer carne no hubiéramos "evolucionado" en lo que somos. Siendo el cerebro y el estómago los dos órganos que más energía consumen y resultando que comer vegetales crudos gasta mucha más en el proceso de digestión que comer otros animales crudos, quedó un excedente energético que fue a parar directo al desarrollo del cerebro. Los motivos por los que comenzaron nuestrxs antepasadxs a cazar son en esencia climáticos. Supongo que es por causa de este cerebro nuestro que nos creemos tan especiales, dotadxs de cosas como la piedad y la sensibilidad al sufrimiento ajeno.

Por supuesto no voy a cometer el error acá de argumentar que comemos carne porque está en nuestra "naturaleza". De hecho, las mutaciones continuadas que ha experimentado nuestra especie desde que comenzamos a recolectar, cultivar y procesar alimentos de origen vegetal, permite a muchas personas prescindir totalmente de carne sin enfermarse. Incluso, los últimos grupos sanguíneos[8] se enferman con la gran mayoría de alimentos de origen animal, es decir, están genéticamente predispuestxs al veganismo.

Entonces, a la pregunta de si verdaderamente seguimos necesitando carne para alimentarnos o no, respondo que depende de la persona y por eso se me hace tan tremendo que se trate de imponer un tipo de alimentación que no nos hace bien a todxs por el único hecho de aparentar ser un modo de comer más ético y más acorde con nuestras ideas libertarias, justo del mismo modo en que el sistema lleva mucho tiempo imponiendo un tipo concreto de alimentación a la gente. La perra de una amiga, de la raza xoloitzcuintle[9], aborrece la carne y todo

---

7. Se puede obtener mucha y más detallada información sobre esto en internet y en la bibliografía relativa que hay al final del libro.

8. Esta teoría de los grupos sanguíneos y su relación con la alimentación es solo una teoría y por tanto no debería pensarse como algo infalible en la práctica ni aplicable a todas las personas pues el hecho de que un alimento nos siente bien o mal depende de muchas cosas más que lo que nos corra por las venas. Hablo de ello más extensamente en el capítulo dedicado a la salud.

9. En México, la raza endémica de perrxs, que en algunas de sus variantes carecen de pelo e incluso de dientes. En su mayoría gustan de comer puras verduras y frutas, si están en estado de semidescomposición o fermentadas, mejor. En la cosmogonía *mexica*, este animal era el que acompañaba a las personas muertas o en su viaje a través del inframundo.

lo que tenga que ver con ella, ama el brocoli (especialmente si está medio po-drido) y la primera y última vez que le puse un hueso de jamón delante del hocico me miró como si tuviera delante al mismísimo demonio y corrió a esconderse. ¿No se supone que los cánidos son omnívoros? Bueno, pues no todos. Lo mismo pasa con lxs humanxs. No somos iguales y pretenderlo pone en serio riesgo nues-tra salud, y por qué no decirlo, también nuestras ideas de respeto a la diversidad.

Desde hace unos años en casi todos los eventos relacionados con cuestiones fe-ministas o anarquistas la opción vegana es la única que se sirve a lxs comensales. El veganismo parece como esa forma rápida de ganar credibilidad ética por parte de cualquier lucha antisistema.

El argumento más conocido es que de este modo no estaremos causando su-frimiento a otros animales. A mí siempre me genera desconfianza todo eso, espe-cialmente después de haber escuchado las escabrosas historias de mis amigos afri-canos, sobre todo provenientes de Senegal y su llegada a España mediante mafias que colocan a estos neoesclavos en las plantaciones de gran parte de los vegetales que se consumen en la península del mismo modo que los gringos compraban mano de obra para sus plantaciones de algodón. Un amigo realmente cercano me contó que cayó al llegar a España en un cultivo de la fresa en Huelva donde a cambio de un plato de comida al día (¡un plato!) y tras trabajar de sol a sol, le pagaban cinco euros que era justo lo que necesitaba para pagar su cama y su agua cada día. Las condiciones de trabajo eran lo que muy bien podríamos considerar tortura animal: estaba bajo una carpa de plástico dentro de la cuál la temperatura al mediodía superaba los 40º, con solo quince minutos de descanso para comer y sin posibilidad alguna de obtener atención médica en caso de accidente. Consi-guió escaparse de ahí durmiendo por meses a la intemperie y bebiendo agua ex-clusivamente de las albercas destinadas al regadío, vaya, no gastándose los cinco euros diarios y consiguiendo ahorrarlos. Se fugó bajo la amenaza de ser denun-ciado a la policía por ilegal por parte de sus patrones, que habían "retenido" su pasaporte. Y me voy a ahorrar el discurso sobre todxs aquellxs migrantes que ni a la plantación llegan porque son asesinados por el camino.[10]

Luego está el tema de la soja. Me sirven en un espacio autogestionado un guiso que está hecho de diversos vegetales y de proteína de soja texturizada. Lo pruebo, está delicioso, "parece" carne y posiblemente esté entregando a mi cuerpo una buena porción de lo que la carne me entregaría, pero ¡oh! sin haber

---

10. La "empresa" denominada Frontex, es en teoría la encargada de salvaguardar las fronteras eu-ropeas de la migración africana, de Latinoamérica o de Oriente Medio, aunque en realidad es una organización criminal que lleva muchos años convirtiendo el Mediterráneo en un mar de muerte y crueldad. La camarada Daniela Ortíz tiene un ampio conocimiento de las actividades delictivas y homicidas de esta compañía. *https://es.wikipedia.org/wiki/Daniela_Ortiz*

ocasionado ningún tipo de sufrimiento a ningún animal. Plas, plas, plas. ¡¿Qué tipo de ceguera escogida permite a alguien afirmar algo así?! Basta *googlear* "soja transgénica" (por cierto casi toda la que se produce en Argentina[11], Estados Unidos[12] y Brasil[13] lo es) para darnos cuenta de que se trata de uno de los alimentos que más daño están generando a nivel mundial no solo a animales (humanos y no humanos) sino a regiones, pueblos y territorios completos, claro, lejos de nuestros ultra-éticos espacios autogestionados primermundistas.

He de decir que esta cosa que se utiliza básicamente para alimentar a los animales de las industrias de la carne, la leche y el huevo, trae un puto karma asqueroso y sí conlleva sufrimiento y destrucción. Que el porcentaje que corresponde al consumo humano directo sea ínfimo, no la libra de ser una de las cosas más nefastas que le ha sucedido a la agricultura y a la ganadería en la historia de la alimentación humana. Definitivamente no soporto cuando me tratan de vender la soja como la panacea de una alimentación de moral indestructible. Si dejas de comer carne una parte ínfima de la industria ganadera se verá perjudicada por tu decisión, del mismo modo que si sustituyes esa carne por la soja y sus derivados, una parte ínfima de Monsanto y de la industria agrícola se beneficiará de ello. Es muy difícil escapar de este laberinto de basura.

Así que discúlpenme si soy crítica con el veganismo y la gente que se jacta de ser la más ética del mundo por no comer carne o "productos animales", pero sabiendo de dónde salen la mayoría de los alimentos de procedencia no-animal que se consumen en España (de la neoesclavitud africana migrante y de la devastación del Sur Global) no creo que sea posible alimentarnos sin explotación y sufrimiento de alguna especie, ya sea esta humana o no, mientras no nos pongamos a crear nuestra propia comida.

De hecho es prácticamente inviable vivir sin generar sufrimiento o perjuicio a otrxs. Esta computadora desde la que escribo, así como el teléfono móvil que tengo, tienen materiales que lo implican[14]. El papel con el que está hecho este libro que

11. Comparto un artículo muy interesante sobre los cultivos de soya transgénica y sus devastadoras consecuencias *https://www.ecologistasenaccion.org/areas-de-accion/agroecologia/agrocombustibles/soja/cultivos-que-matan/*

12. El artículo de la wikipedia sobre Monsanto tiene amplia información sobre sus desmanes y delitos *https://es.wikipedia.org/wiki/Monsanto*

13. Un artículo sobre la deforestación y el envenenamiento del territorio del Mato Grosso en Brasil: *https://soberaniaalimentaria.info/otros-documentos/luchas/851-la-soja-desplaza-poblacion-y-deforesta-selvas-de-brasil*

14. El documental "Crisis in the Congo: Undercovering the truth" que se descarga acá en inglés *https://congojustice.org/download-video/* es parte del proyecto "Congo Justice" que denuncia las atrocidades que se cometen en el país en torno a la extracción del coltán, material esencial para la producción de teléfonos móviles y computadoras, y del cuál el Congo tiene el 80% de las reservas

tienes entre las manos proviene de la devastación de los bosques y selvas y del exterminio sistemático de ecosistemas y sus habitantes. Podría seguir así con todo lo que me rodea y utilizo a diario. El trabajo asalariado en sociedades capitalistas, con un patrón, un jefe, un amo que se enriquece a costa de la mano de obra, es siempre una forma de esclavitud a mayor o menor escala, y básicamente todo lo que usamos lo ha trabajado alguien más y en peores condiciones en las que trabajamos nosotrxs.

Entonces, si no queremos contribuir a la explotación hagámoslo a nuestra manera pero respetando (aquí por supuesto entra la crítica constructiva) el modo que tienen lxs compañerxs de hacerlo. Siento que cada pequeño gesto aporta algo y que en las luchas de disidencia tenemos que dejar de lado el todo o nada que nos inculcan desde pequeñxs, porque sí se pueden hacer las cosas a medias (algo es algo) y cualquier cosa que hagamos o dejemos de hacer en nuestras vidas por ideales libertarios tendrá su repercusión en la realidad común.

Por otro lado, las propuestas veganas no están dirigidas únicamente a la alimentación. Si se trata de no usar animales o no abusar de ellxs hay más formas de llevarlo a cabo que no pasan por lo que comemos como por ejemplo nuestra ropa[15] (que no sea de origen animal), los cosméticos y medicamentos que usamos (que no hayan sido testados en animales), el tabaco que fumamos (casi todas las industrias tabacaleras experimentan en animales pero también existen tabacos veganos), el entretenimiento (circos y zoológicos), las "mascotas", etc. Así es cómo se ve el despotismo del "todo o nada" en el que si comes animales no tienes ningún otro modo de llevar a cabo prácticas veganas. Eso creo que demoniza e intimida a muchas personas que no pueden o no quieren modificar su dieta pero sí asumen la filosofía vegana como válida y la aplican en los demás ámbitos. Esto es lo mismo que las personas veganas que se alimentan consecuentemente pero que luego usan perros para guardar sus casas (como el perro es feliz haciendo eso...). La diferencia es que a estas últimas nunca se les cuestiona su inconsistencia.

También me he tenido que topar con el argumento de que otras sociedades son vegetarianas o veganas desde la antigüedad y que podríamos tomarlas como modelo, siendo la que más me mencionan la cultura hindú.

---

mundiales. Así que si usan un teléfono o PC, prepárense para asumir la inmensa cantidad de sufrimiento y tortura que ejercen sobre otros animales de la especie humana. *https://congojustice.org/ Blood in the mobile* es también un documental muy interesante para revisar en torno al coltán. Acá lo pueden ver en versión original subtitulada: *https://youtu.be/KmuE7kjlZSc* También hay bastante información sobre el coltán en el artículo de la Wikipedia: *https://es.wikipedia.org/wiki/Colt%C3%A1n*

15. Si no vestimos cueros o sedas porque implican la tortura y explotación de animales (sí, los gusanos de seda también son animales) quizás deberíamos empezar a plantearnos no vestir tampoco nada de algodón si no sabemos su procedencia. Y si en la etiqueta de tu ropa pone "made in India" acá tienes un link *https://www.equaltimes.org/explotacion-y-trabajo-infantil-en?lang=en#.WPPD50e-1vQo* que quizás te haga pensar en lo que te pones sobre la piel y su total carencia de ética.

Pues bien, su vegetarianismo no tiene como origen la pena por los animalitos o cuestiones relacionadas con la reencarnación, no pretendía evitar crueldad sino evitar que las castas (es decir, las clases sociales) que se querían definir y separar en categorías rígidas para conveniencia de las poderosas, no se mezclasen en festines orgiásticos. Mantener las castas intactas e incomunicadas entre sí era el principal objetivo de esas prohibiciones. Sobre el origen del vegetarianismo en la cultura budista:

> «(…) La oposición del brahmanismo a esa religión orgiástica no se explica solo porque constituyera una desviación respecto de las pautas védicas, sino porque negaba la esencia misma de una operación sociopolítica. Los brahmanes pretendían instaurar un sistema de castas perfectamente cerrado, donde la posición del sacerdote no fuera tanto la más elevada a nivel económico como la nuclear a nivel del orden, encargada de definir el comportamiento ritual de cada una de las otras castas, así como las ceremonias. Es evidente que tales orgías violaban lo más básico del orden brahmánico al implicar la unión siquiera temporal de techo, mesa y cama y, por tanto, la comunicación entre castas. Basta esto para explicar el incondicional rechazo de bebidas alcohólicas, así como el vegetarianismo estricto»[16].

Supongo que esto siempre me ha sonado tan ridículo como decir que todxs somos omnívorxs y que es nuestro deber comer carne.

Siempre he pensado que dentro del pensamiento antiespecista hay un animalismo imperante, algo que deja de lado las especies (entendidas como forma de vida) que no tienen ni ojos, ni alma, ni sistema nervioso. Creer que no perjudicamos a otras especies comiendo solo alimentos no relacionados con lo animal es en el mejor de los casos una chorrada y un autoengaño que nos decimos para dormir tranquilxs y no hacernos responsables del hecho de que la alimentación humana explota recursos y vidas por doquier, sea esta carnívora, omnívora, vegetariana o vegana. Es muy difícil no participar de esa explotación mientras sigamos comprando lo que comemos en lugar de cultivarlo/criarlo por nosotrxs mismxs. El consumo de vegetales cultivados de modo industrial tiende en general a destruir ecosistemas. Se modifican genéticamente las semillas para que rindan más en el mercado del mismo modo que se hormona a las vacas para que produzcan más carne o más leche, igual que se mutila a pollos y gallinas para sacar el máximo rendimiento de ellxs.

Supongo que el hecho de provenir por parte de mamá de familia campesina me ha otorgado una visión de la alimentación un poco más amplia. Estas

---

16. Escohotado, A.: *Historia general de las drogas.* Alianza Editorial, Madrid, 1998. Pág. 71

experiencias en el campo me entregaron la posibilidad de conocer un modo respetuoso y no industrializado de comer animales. Conocí personas que le ponían nombre a los pollos y los trataban con mucho amor como por ejemplo la "gallina de los huevos de oro" de una vecina de mis abuelxs, que ponía huevos de dos yemas y la señora creía que esto era así porque todos los días a la hora de la telenovela se la ponía en el regazo y la acariciaba amorosamente. O los cerdos a los que se les daba infusiones de amapola y miel el día de la matanza para llegar al momento de sus muertes demasiado drogados como para darse cuenta de lo que estaba pasando. Nos alimentamos cruelmente, eso es un hecho porque siempre implica la destrucción de algo pero ¿con qué tipo de soberbia humanoide nos proponemos a nosotrxs mismxs como la única especie capaz de alimentarse de modo no destructivo? Quiero decir, ¿quién me puede garantizar en un evento vegano que los alimentos proceden todos de cultivo justo, que no implicó la explotación o el sufrimiento de nadie ya sea humano o de otra especie? Es muy posible que en lugares de Estados Unidos y Europa (la Europa que está más arriba de Pirineos, como Reino Unido, de donde es originario el veganismo) algo así sea posible pero no deja de ser una cuestión que al traspasar las fronteras del privilegio primermundista o del privilegio urbano se disuelve y carece de todo sentido.

¿Qué hace que la vida de un animal no humano sea más valiosa que la vida del migrante africano que nos recolecta los vegetales para esa hipotética alimentación ética que queremos llevar a cabo? Gran parte de la comida proviene de cierta industrialización de la misma y se trata de entidades que generan sufrimiento aunque solo "trafiquen" con vegetales (lo que significa traficar con la mano de obra, con las tierras donde se siembra, con el agua con que se riega y un largo etcétera).

En la red abundan los vídeos de grupos de liberación animal que se infiltran en mataderos para mostrarnos los horrores que ahí dentro se llevan a cabo. Se trata de vídeos que estoy segura han convencido a más de una persona antisistema para dejar de comer animales, para "volverse" vegana. El tema es que aún no he visto ningún vídeo de alguno de estos grupos introduciéndose de igual modo a filmar las condiciones deplorables en las que trabajan los migrantes de la industria agrícola. Y desde mi punto de vista eso no es incoherencia, es hipocresía y un no querer aceptar que un modo absolutamente ético de alimentarnos es algo muy complejo de conseguir y que requiere mucho más trabajo que escribir fanzines o asaltar mataderos cámara en mano. Siento que la forma en que se maneja la información sobre este tema es manipuladora e incompleta y participa de un proceso de demonización de las personas omnívoras que no nos hace nada bien. Eso es lo que quiero puntualizar y dejar claro con este capítulo. Me parece muy válido mostrar la realidad de cómo funcionan las industrias, lo que no me resulta tan válido es que se haga de manera intencionalmente sesgada.

Yo no voy a usar ese absurdo argumento de que los tomates gritan cuando los sacan de la mata, se me hace cuanto menos chistoso alegar algo así. Sé perfectamente que el dolor como lo conocemos los mamíferos solo lo podemos sentir quienes tenemos un sistema nervioso. De hecho ni siquiera pretendo que cambien ustedes su forma de tragar sino que sean consecuentes con su ideología: si quieren que comamos de un modo más justo y menos cruel, emprendan proyectos alimentarios que excluyan la explotación y la tortura (esto ya se está haciendo y me da mucho gusto saberlo[17]) si es que ese es el activismo en el que quieren volcarse y dejen de joder a quienes estamos en otros activismos igual de importantes y de algún modo hermanados. Retroalimentémonos con la diversidad de nuestros poderes y las actividades que hacemos con ellos y dejemos de deslegitimarnos unxs a otrxs por lo que comemos.

Por otro lado, me resulta paternalista y me huele a superioridad moral esa idea de rescatar a los "pobres animalitos" que cayeron en las garras del humano, que no es más que otro animalito en el cuál en cuanto a respeto de la vida ajena se refiere (incluida la de sus compañerxs de especie) parece que no ha quedado apenas rastro. Creo que se puede ser antiespecista (yo lo soy) sin caer en ello.

Con todo esto quiero decir que si no queremos consumir las vidas de otros animales para alimentarnos, todo bien pues ser coherentes es una estupidez, pero no nos reclamen a lxs demás que lo seamos porque como decía en el segundo capítulo de este libro, ustedes no lo son, nadie lo es. Con todo esto no estoy diciendo que para poder comer de forma ética tengamos todxs que irnos al campo y montar huertos y granjas[18]. No estoy diciendo que dejemos de comer carne o que dejemos de comer soja. No estoy diciendo que dejemos de o empecemos a hacer algo en cuanto a nuestra alimentación se refiere sino que mi propuesta está enfocada a dejar de juzgar tanto lo que hacen las personas afines que tenemos alrededor y a empezar a ser más flexibles con ellas y con nosotrxs mismxs.

Porque estamos en un cagadero de sociedad que ha convertido todo lo vital de la especie en una industria y de una cosa estoy muy muy segura: no la vamos a destruir ni desde burbujas de confort ético ni desde batallas internas coherenciómetro en mano.

---

17. Por ejemplo existe la cooperativa "La Garbancita" en Vallecas, Madrid *https://lagarbancitaecologica.org/quienes-somos/*

18. Admiro mucho a las personas que han montado sus propios proyetos y se alimentan exclusivamente con lo que éstos les dan. La agricultura es un trabajo muy arduo y que requiere de mucha paciencia, tiempo, amor y dedicación. Muchas, además, han conseguido abastecerse de todo aquello que no son alimentos mediante la venta o trueque de sus productos. A estas personas, mis respetos, porque no tengo nada que chistarles, la verdad.

DROGAS

«Cuanto más penetras en el mundo del teonanácatl[19], más cosas se ven y miras nuestro pasado y nuestro futuro como una sola cosa que ya se llevó a cabo, que ya sucedió. Veo caballos robados y ciudades enterradas cuya existencia es desconocida y que están a punto de salir a la luz. Veo y sé millones de cosas. Conozco y veo a Dios: un inmenso reloj que palpita, esferas que giran alrededor y adentro de las estrellas, la tierra, el universo entero, el día y la noche, el llanto y la sonrisa, la felicidad y el dolor. El que conoce hasta su fin el secreto de teonanácatl puede ver esa infinita maquinaria de reloj».

MARÍA SABINA[20]

«La historia de la ebriedad en el mundo antiguo muestra la vigencia prácticamente universal del concepto que los griegos compendiaron (…) Las drogas son sustancias "neutras", que pueden tanto aliviar como matar, tal como las cuerdas pueden servir para no caer por un precipicio o para ahorcarse».[21]

ANTONIO ESCOHOTADO

Un día de hace un par de años caminaba por Madrid, por la calle Embajadores, ya no recuerdo si iba o volvía de la Eskalera Karakola[22]. El caso es que una pintada en una pared me dejó petrificada. Rezaba un muy grande "Di no a las drogas" y esta leyenda venía acompañada por una "A" de anarquía enorme. Por un momento pensé que una cosa no tenía relación alguna con la

---

19. *Teonanácatl* significa "carne de Dios" en mazateco y es el nombre dado a los hongos silocibes en Oaxaca, México. También se los suele llamar en español "niños santos".

20. María Sabina Magdalena García (Huautla de Jiménez, Oaxaca, México 1894-1985) fue una poderosa chamana mazateca especializada en la sanación tradicional mediante hongos silocibes.

21. Escohotado, Antonio: *Historia general de las drogas.* Alianza Editorial, Madrid, 1998. Pág.160.

22. *https://eskalerakarakola.org/*

otra, que lo primero era una especie de *revival* por parte del gobierno que estaba resucitando su hipócrita lema de los 80 y que lo segundo, el símbolo anarquista, había sido pintado allí antes o después, de manera totalmente fortuita. Mi acompañante despejó las dudas: "es una pintada de un grupo *straight edge* que hay por acá". ¿*Straight* qué? No entendí nada durante los primeros instantes en los que mi amiga trataba de explicarme el asunto. Más tarde, con unas cervezas de por medio me contó algo que se me hizo inicialmente como una de las mayores bizarradas que había escuchado en mucho tiempo. ¡¿Una panda de punks y hardcoretas que no se drogan, que no beben, que no fuman!? Ella me contó que se trataba de una disidencia radical contra el consumo en general y en particular con todo aquello que afectara a la conciencia y el cuerpo. Me dijo incluso que dentro del movimiento había gente que tampoco "consumía" sexo...

En un primer momento lo vi medianamente comprensible como gesto ligado a luchas antisistema, pues es de sobra sabido que los gobiernos de los últimos siglos (el español de seguro lo hizo) usaron habitualmente algunas drogas para destruir a las comunidades subversivas como sucedió con el movimiento punk en Euskal Herria[23] o lxs *Black Panthers* en Estados Unidos[24] y en otros muchos lugares donde los estados aniquilaron prácticamente toda la disidencia a base de introducir en sus círculos drogas adulteradas o demasiado puras que generaran fuertes adicciones y muertes por sobredosis. Es claro para mí que el Estado siempre preferirá un grupo de disidencia toxicómano que sereno.

Parte de esa misma estrategia pero de modo más sutil es el hecho de que mediante la cultura de masas se haya representado sistemáticamente a ese héroe trágico contemporáneo, a ese "rebelde" sin causa, bajo la forma de un yonki que se muere de sobredosis antes de los 30. Las películas, las canciones y la imagen pública de algunos grupos musicales, la literatura, todo ese aparato de lavado cerebral está dispuesto ahí para que la gran mayoría de adolescentes (y buena parte de los adultos) piensen que drogarse y emborracharse es lo *cool* y el medio más rápido y eficaz a través del cuál dejarán su impronta en el mundo, transcenderán.

La construcción de la masculinidad tampoco está exenta de este influjo: la valentía de drogarse, echarle cojones, el ingrediente de la autodestrucción temeraria presente en todo macho que se precie.

---

23. Este documental habla del tema: *Los 80: Drogas, Sida y Punk en Euskal Herria, https://youtu.be/gkQ1WyxV1X0*
Artículo referente a la introducción de heroína en País Vasco por parte del Estado Español y el "Caso Navajas": *http://www.naiz.eus/es/hemeroteca/gara/editions/gara_2014-12-09-06-00/hemeroteca_articles/heroina-y-fse-caso-pendiente-30-anos-despues*
24. Webb, G.: *Dark Alliance. The CIA, the contras and the crack cocaine explosion.* Seven Stories Press, Nueva York, 1998.

Me pareció en un principio una idea bella la de renunciar a esas seducciones como postura política, pero el desengaño no se hizo esperar.

Muchas cosas en torno a la propuesta *Straight Edge*[25] se me hacían bastante contradictorias y contraproducentes con las intenciones anarquistas (por no hablar de las feministas), pues las drogas, al igual que prácticamente todo lo que el capitalismo nos robó, deberían ser algo a rescatar de las fauces de esa boca atroz del sistema que todo lo devora y fagocita para luego servirnos sus excrementos a modo de alimento para la "vida aceptable y convencional".

La opinión de que "las drogas son malas" es tan maniquea como la de "las drogas son buenas" y ambas, además de representar un absurdo en sí, simplifican algo que es demasiado difícil explicar mediante binarismos jerárquicos. Desgraciadamente por pereza, falta de tiempo o voluntad de buscar información, la mayoría de personas se posicionan en uno u otro lado sin desarrollar una crítica rica a la decisión opuesta. Yo no voy a incurrir en ello. Que algo nos siente bien o mal no depende en absoluto de ese "algo" sino de múltiples factores como la calidad, la cantidad, nuestro contexto, el momento emocional en que lo tomamos, etc. Recordemos que no son las drogas las que nos raptan y nos obligan a ingerirlas; incluso hasta en circunstancias en que no se puede considerar que la persona elija entre tomarlas o no, se trataría del sistema el que empuja a ello; el sistema, es decir: otra gente. Cuando digo esto lo hago pensando en las personas que se drogan no por placer u otras motivaciones positivas sino para paliar los efectos de vivir en una sociedad que las castiga, una sociedad que sería invivible sin drogas.

Prácticamente todo lo que tenemos en nuestros entornos está diseñado para que caigamos en su mal uso, y las drogas no están exentas de ello.

La verdad es que estar sobrixs se nos hace, a veces, a algunas personas creativas y juguetonas algo profundamente aburrido, sabemos que nuestro cerebro puede dar mucho más y encontramos métodos para que lo haga, no únicamente por una motivación lúdica. Muchas veces es difícil echar a volar la imaginación si estamos atormentadxs por problemas generales o personales que no tengan una fácil o rápida solución, de modo que el hecho de que caigamos en adicciones que nos impiden crear se nos hace algo muy triste. Algún punto intermedio entre el no consumo y el abuso desmesurado debería ser en lo que centrarnos para afrontar toda esta situación con las drogas en la actualidad. Para mí es tan poco crítico el tajante no a las drogas como el uso descerebrado de ellas.

No quiero discursos que sugieren evitar el consumo como la opción más ética y coherente para una persona libertaria, ni tampoco rollos hippiosos o pachamamosos de que las drogas nos abren el puto tercer ojo invisibilizando todo el dolor

---

25. De ahora y en adelante escribiré *Straight Edge* así "sXe".

y muerte que se produce en torno a ellas principalmente en los lugares del sur global para beneficio casi exclusivo del mal llamado primer mundo.

Puedo comprender las ideas libertarias anti-droga por un lado como un enfado con toda la miseria que las luchas antisistema han tenido que tragar en el siglo XX (y siguen tragando en el XXI) por causa de un Estado opresor muy ingenioso a la hora de introducir ciertas sustancias en determinados momentos con la intención de destruir y desarticular a lxs militantes. Lo entiendo igual que entiendo el odio que sienten algunas feministas hacia la pornografía y la prostitución. Hay ciertas analogías entre ambos posicionamientos que se me hace relevante mencionar.

Una de ellas y quizás la más desagradable es que ambos movimientos (el sXe y el abolicionista) se han aprovechado o se han nutrido en algún momento de ideas provenientes del conservadurismo moral ligado a la derecha y/o al catolicismo. En el caso de lo sXe tenemos como ejemplo más claro su vertiente ultra homofóbica, racista y anti-abortista denominada *Hardline*[26] y en versiones más leves, por ejemplo, encontramos casi siempre presente en sus discursos la idea de que el consumo de drogas (incluido el alcohol) es la causa principal de los abusos sexuales, casi calcada del precepto prohibicionista de alto poder convincente que dice que drogas y alcohol causan vicio y depravación sexual sin mencionar que no es la droga sino la educación machista lo que convierte a un hombre en alguien legitimado para violar a una mujer.

> «En el *Curso monográfico sobre drogas nocivas* editado en 1969 por la Guardia Civil española describen el cáñamo como una "amenaza epidémica y agresiva que lleva a manifestaciones desenfrenadas y repugnantes de promiscuidad"»[27].

Y en el caso de las abolicionistas de los 80 y 90 (blancas, gringas y en gran parte heterosexuales) es de sobra sabido que tuvieron sospechosas alianzas con el gobierno de Reagan primero y posteriormente de W. Bush para sacar todas las películas catalogadas como "X" de circulación y que tuvieron una clara incidencia en las leyes republicanas y de derecha (incluso participaron en la redacción de las mismas) para que el trabajo sexual siga siendo hasta el día de hoy una profesión

---

26. Ligado también al movimiento vegano y de base sXe está el *Hard line* (literalmente "Línea Dura") en cuyo manifiesto, donde básicamente se jactan del "respeto" a toda forma de vida incluyendo la propia y la de los fetos, encontramos perlas como esta: "Deberán vivir de acuerdo con las leyes de la naturaleza y no renunciar a ellas por el deseo del placer - desde los actos sexuales desviados [homosexualidad] y/o el aborto, el uso de drogas de cualquier tipo y todos los demás casos donde uno hiere la vida alrededor bajo el pretexto de estar solo hiriéndose a sí mismo". Fragmento extraído de *http://veganrevolution.free.fr/documents/hardline.html* La traducción es mía. Este argumento de "herir" la vida que tenemos alrededor cuando nos drogamos es curiosamente similar al esgrimido durante casi todo el libro llamado *Drogas ¿Una opción personal?* del que hablaré más adelante.

27. Escohotado, Antonio: *Historia General de las drogas*. Nota al pie 48, pág. 106.

carente de derechos laborales en gran parte del globo[28]. Todo ello con la excusa de que el sexo y sus representaciones dañan, humillan y denigran a la mujer.

Pensar que el consumo de drogas daña, humilla y denigra a las personas es exactamente la misma cosa pero con diferente objeto de "odio" y enfado. Me pregunto a este punto si acusamos muy justamente de sexófobas a las posturas abolicionistas, ¿podríamos hablar de drogofobia en el caso sXe?

Otra cosa común es su ceguera a la hora de ver que hay muchas formas de hacer las cosas desde los albores de la humanidad, incluso antes de que pudiéramos llamarlo "sociedades", y que prohibir un determinado modo de hacerlas nos limita y perjudica. Al igual que la respuesta de otras feministas pro-sex[29] al abolicionismo fue de "si no te gusta el porno hazlo tú y hazlo mejor", origen de todo el movimiento postporno[30], a mí me gustaría decirles a las personas de ideología sXe que si nos les gusta el modo en que las personas consumen drogas en la actualidad propongan un modo de hacerlo mejor (como ya estamos haciendo muchxs) en lugar de plantear la abstención como única respuesta ética, pues no se puede negar la existencia de formas de drogarnos previas al capitalismo que no solo no eran nocivas para la salud sino instructivas y beneficiosas.

Para mí esa sería la más poderosa estrategia antisistema: no hacer las cosas como nos han impuesto que las hagamos, sino de modos imaginativos que contraríen esas imposiciones. Desde luego dejar TODAS las drogas fuera de nuestras vidas lo único que contraría es a nuestra cultura ancestral y a nuestra historia como especie, como animales lúdicos, creativos y conspiradores del placer.

Y quizás una cosa más, también común entre abolicionismo y sXe, sería que su causa en sí, en la base, no es injusta, pues considero asquerosa tanto la forma en que el sistema instrumentaliza el sexo como la forma en que usa las drogas, nomás pienso que han equivocado el enemigo y me gustaría que eso pudiera cambiar para hacer de nuestras luchas algo más eficaz y consolidado.

El orígen de las ideas sXe proviene de la cultura aledaña a la música hardcore/punk gringa, mayoritariamente blanca y heterosexual. Desde ese contexto concreto se expandió más tarde a otros lugares como Latinoamérica y Europa y mutó en versiones *queer* y adaptadas a las particularidades de cada lugar.

---

28. Las más notables representantes y pioneras de esta postura son Catharine MacKinnon y Andrea Dworkin, aunque muchas otras mujeres se unieron a sus demandas. Hay muchísima información sobre ellas y su movimiento en la red.

29. El movimiento pro-sex estadounidense centra su lucha en la despenalización de la prostitución y en la producción de otros imaginarios pornográficos que no impliquen explotación ni abusos ni usen a la mujer como objeto. Considera el sexo una parte importante de nuestras vidas y en lugar de negarse a él su propuesta es reapropiarlo, rescatarlo y usarlo como arma/herramienta.

30. El postporno fue y continua siendo una representación subversiva que se genera como respuesta a la pornografía comercial y dominante, y al prohibicionismo planteado por algunos feminismos.

Para geolocalizar un poco mi reflexión sobre estas ideas he leído varios escritos (libros y principalmente fanzines[31]) del contexto peninsular[32] y Latinoamericano[33] pues quería entender muy bien el contenido y las causas del movimiento, que es, al igual que casi todos los movimientos antisistémicos, bastante variado.

Uno de los libros más representativos del pensamiento sXe peninsular parece ser el titulado *Drogas ¿Una opción personal?*[34], que tiene como origen la asamblea del *III Encuentro libre de drogas* de 2010 en Madrid y como propósito tratar "de forma crítica y rigurosa el concepto de que las drogas son una opción personal"[35]. Este libro tiene partes muy lúcidas y bien documentadas a la par que otras totalmente desprovistas de fuentes y repletas de mentiras, errores y disparates, datos imprecisos o incorrectos[36], que supongo que de algún modo son representativos de esa diversidad dentro del pensamiento sXe.

Lo voy a tomar como texto paradigmático de todo lo demás que he leído y escuchado al respecto pues es bastante fácil desengranar algunas ideas a través de él, no sin antes decir que censurar o juzgar a una persona porque está drogada (peor aún si es en un espacio de disidencia antisistémica) me parece, a menor escala, una forma de prohibicionismo, es decir, de querer tener sobre el cuerpo de la otra persona un control y un dominio, del mismo modo que hacen la ley y la moral generalizada impuestas. Lo cierto es que eso no tiene nada de antisistema, de hecho, le hace un favor y le sigue el juego a lo que la inmensa mayoría de la sociedad (condicionadxs por la manipulación informativa de los *mass media* y el sistema educativo) piensa sobre las drogas: que son malas y han de ser erradicadas y estigmatizadas.

Lo primero y fundamental de mi crítica a lo sXe es que parecen ignorar por completo que es el sistema quien tiene la responsabilidad total de la situación actual en torno a las drogas. Ni las simples personas, ni mucho menos las drogas en sí, deberían ser culpabilizadas por este desastre de proporciones mantodónticas. Y se hace totalmente necesaria una revisión de la historia de las drogas (de por sí bastante recortada y censurada) para poder comprender esto y cambiar así nuestro punto de mira acusatorio a un lugar más justo y efectivo.

---

31. Las referencias completas de los textos leídos así como sus enlaces de descarga los encontrarán al final de este libro en la bibliografía.

32. Con peninsular me refiero a mi contexto natal, lo que se conoce como el Reino de España.

33. Los textos son básicamente de Argentina, Ecuador y México. También los encuentran al final del libro.

34. Autoría semi-anónima colectiva: *Drogas ¿Una opción personal?*, Eds. El Grillo Libertario, Eztabaida Argitalpenak-Liburundenda, Distri Maligna y Violent World, 2012, Madrid.

35. *Drogas ¿Una opción personal?* Op.Cit. Pág. 7.

36. Por poner algunos ejemplos dicen que la ayahuaska es una raíz, que la etimología de cigarro es española cuando es de sobra sabido que es una palabra maya, etc.

Que el Estado tiene el "derecho" de entrometerse en nuestros cuerpos y vidas es algo que todxs sabemos. Lo triste es que entre personas que están en desacuerdo con esa realidad se produzcan situaciones de censura, juicio y condena hacia las drogas que tomamos o no. He aquí de nuevo esa porción de enemigo que traemos adentro y que prodigiosamente pasa desapercibida haciéndonos creer a veces que somos grandes activistas antisistema cuando en realidad no estamos más que reproduciendo, a menor escala, lo que el gobierno y la religión hacen con la libertad de las personas.

Las regulaciones sobre qué drogas puede tomar una sociedad y qué drogas no, lo que hacen en realidad es regular y supervisar los estados de ánimo de la gente. ¿Puede haber algo más cruel que eso?

«Todavía no existen en una sola Constitución del planeta preceptos donde se diga que el Estado asume dicha supervisión en general y por derecho propio (...) Lo que acontece en materia de drogas habrá de considerarse una excepción a la regla que defiende la autonomía de la voluntad individual».[37]

Y lo peor de todo son los motivos por los que algunas drogas son legales y otras no. Las drogas tienen mucho poder, algunas más que otras, pero todas están dotadas de él. Pueden ser armas muy eficaces para combatir la realidad imperante pero también pueden volverse en nuestra contra si no tenemos de dónde aprender su uso y lo único que se nos dice desde pequeñxs por parte del sistema educativo es que "son malas" mientras al mismo tiempo la cultura de masas propone como figuras modélicas a drogadictos autodestructivos y *femmes fatales* yonkis.

A quienes desde temprana edad manifestamos un espíritu crítico con lo que nos rodea y con lo que se nos cuenta sobre el mundo, siempre nos chirría cuando "la autoridad" nos dice que algo es malo. El sexo es malo y sucio, no comportarse como se esperaba de nosotrxs está mal y así con muchas otras cosas que el sistema cataloga bajo la etiqueta de "lo malo". No es de extrañar entonces que, nosotrxs lxs inquietxs, queramos probar todo aquello que está "prohibido". El problema es que lo hacemos como kamikaces, sin información, y eso es justo lo que quieren desde arriba: ¡que nos quitemos del medio jugando a ser lxs rebeldes!

La estrategia es perversa pero simple: vamos a prohibir algo que tenga mucho poder y que sea destructivo si se carece de información; vamos a eliminar todo vestigio informativo sobre eso que prohibimos para que la gente se aviente como lemmins por el precipicio de esa ignorancia. No entiendo como el pedo sXe no puede ver esto... Que el problema no son las drogas sino las estrategias del sistema para que nos envenenemos con algo que fue y sigue siendo en muchas partes del mundo una de las herramientas de conocimiento más increíbles que existen al alcance de nuestra mano.

---

37. Escohotado, Antonio: *Historia general de las drogas*. Alianza Editorial, Madrid, 1998. Pág. 11.

Incluso a veces afirman cosas que ponen de relieve que es el sistema capitalista lo que nos tiene jodidxs y no las propias drogas, aunque disponer de esta información no les haya hecho cambiar el rumbo de su ideas abstencionistas:

> «La ebriedad producida por el cáñamo y sus derivados no despertaba alarma social alguna, y el propio conocimiento popular que existía sobre la planta confirmaba la ausencia de experiencias negativas en este sentido».[38]

A veces dejan entrever que el problema no son las sustancias en sí sino su industrialización, pero esto no les encamina la crítica hacia los verdaderos responsables de ese hecho sino hacia las drogas en general:

> «El tabaco no constituyó un problema de salud pública
> hasta la Revolución Industrial».[39]

Cuando comienza ese problema de salud pública no es por el incremento de usuarios (eso es únicamente un incremento del problema, no su origen) sino por lo que la industria hace sistemáticamente con todo: volverlo ponzoña.

Desde perspectivas sXe se plantean cosas que puedo considerar de interés común con cualquier lucha que se diga a sí misma libertaria. Cosas muy importantes como el daño que hace la producción de drogas, ya no solo a las personas (guerras, explotación, esclavitud) sino a otros animales[40], a los bosques que se elminan para ampliar las plantaciones, a los recursos terrestres que se explotan, la contaminación industrial, etc.

Por ejemplo plantean que fumarse un cigarrillo está llevando a la extinción a miles de animales por culpa de la deforestación, la contaminación proveniente de la producción masiva, etc. Sí, efectivamente cualquier tipo de cultivo industrial de plantas genera eso. Todas las plantas y todos los cultivos. No nomás el tabaco, la coca o el opio.

> «El consumo de tabaco produce y legitima, o no legitima pero financia día a dia prácticas vivisectoras como estas, de las que no hay garantía ni necesidad, y genera la muerte de cientos de miles de animales que ni siquiera tienen ninguna necesidad de sufrir la estupidez humana».[41]

---

38. *Drogas ¿Una opción personal?* Op.Cit. Pág. 47.

39. *Drogas ¿Una opción personal?* Op.Cit. Pág. 17.

40. Miles de millones de animales son torturados y asesinados por la estúpida práctica de experimentar en ellos cosas que luego se les van a hacer o no a humanos, entre ellas, la experimentación de las tabacaleras y las farmacéuticas. También el sector cosmético está involucrado. En el caso del tabaco y otras drogas es totalmente absurdo pues aunque tengamos cosas en común somos especies diferentes y lo que destruye a unxs tan solo enferma a otrxs o ni les afecta, es decir, esos experimentos no arrojarán datos verdaderamente útiles.

41. *Drogas ¿Una opción personal?* Op.Cit. Pág. 34.

Hablan de que estas industrias experimentan con otros animales y es cierto: esta experimentación es atroz y es una cara más de la industrialización de las cosas que consumimos los humanos, y estas cosas son una larga larga lista (cosméticos, alimentos, cirugías, medicamentos, etc).

La respuesta no es dejar de fumar sino dejar de consumirle a las industrias, generar una cultura de siembra del propio tabaco o de compra a particulares o cooperativas que puedan demostrar su buena práctica igual que sucede con las asociaciones canábicas.

> «En España, algunas cifras muestran que se fuman 89 millones de cigarros al día, lo que supone, en desechos y residuos sólidos, 32.455 millones de filtros desechados anualmente, según un informe del Comité Nacional para la Prevención del Tabaquismo (CNPT)».[42]

Cosas como esta frase dan por sentado que están contemplando una única manera de hacer las cosas. En este caso parece que solo se pudiera consumir tabaco fumando cigarrillos industriales con filtro. Y ¿qué tiene que ver este uso de filtros (que tiene menos de un lustro de antigüedad) con el uso del tabaco? ¿Por qué algo tan unido a la industria se usa en detrimento del tabaco?

Lo que quiero expresar con todo esto es que no son las drogas, ES EL ESTADO, EL SISTEMA INDUSTRIAL CAPITALISTA, ¡joder! Y que si no queremos de ningún modo participar del consumismo, la explotación de animales y recursos y todas esas basuras que nos han tocado en el espacio/tiempo, me temo que tendríamos que regresarnos a un estadio cavernario en el cual de seguro acabaríamos tomando algún tipo de embriagante de todos modos. Consumimos constantemente "sucedáneos" de lo que en momentos precapitalistas o preindustriales eran las cosas "reales" y sin adulterar. Todo o casi todo lo que tenemos a nuestro alrededor no es más que un impostor de algo, una réplica barata de lo que fue en el pasado.

Las drogas, anteriormente pertenecientes a "lo divino", lo espiritual, a la salud, el bienestar y al ludismo colectivo, una vez la religión católica se encargó de asesinar a las personas que tenían control y conocimiento sobre ellas y que de modo no jerárquico o no institucionalizado las distribuían entre las personas, desaparecieron parcialmente de la cotidianidad y lo que vino a suplantarlas fue ese Dios único y omnipotente y el resto de ideas castrantes y anti-vida pertenecientes a ese tipo de moral. Entonces el trabajo, la guerra, el matrimonio y el resto de estupideces que acompañan desde entonces a nuestra sociedad como ideales a perseguir, se convirtieron en drogas. Así ahora esas armas para conectar a las personas consigo mismas, han sido sustituidas por mecanismos de control que generan adicciones

---

42. *Drogas ¿Una opción personal?* Op.Cit. Pág. 26.

semejantes a las que pueden generar algunas sustancias: La TV, los videojuegos, los deportes (jugados o presenciados), el romanticismo, la familia, etc. El ser humano NECESITA droga, necesita esa conexión con "lo otro" y consigo mismo, esa intensidad, esa salida rotunda de la realidad cotidiana. Y lo buscará, aunque sea escarbando en la basura. En eso es en lo que la estrategia aturdidora del sistema nos ha convertido. Yo personalmente no tengo a nadie alrededor que no se drogue con algo. Mi amigo más "sano", que jamás bebe, jamás se droga, etc., es un adicto empedernido de los deportes[43]; la abuela está enganchada a las telenovelas; la vecina me dice que no puede pararle al chocolate; a otrxs se les va la vida delante de una pantalla, dedo arriba, dedo abajo, igual que a otrxs muchxs se les fue en las tabernas copa arriba copa abajo. ¿Cuál es la diferencia? Muchas personas cercanas a mí se han perdido en el abuso de drogas, otras se han puesto a armar familias, tener hijos, jornadas laborales de ocho o diez horas, ¿no es acaso la misma mierda?

Al declarar el Estado como ilegal una droga en realidad lo que está haciendo es declarar ilegal el efecto que tiene ésta sobre las personas, es decir, está ilegalizando emociones y conductas. ¿Por qué? Esta respuesta se puede dar en su versión simple: hay algunas emociones y conductas que son contraproducentes con el sistema, algunas incluso lo ponen seriamente en jaque.

> «Cuando un delito previamente desconocido se eleva a fuente principal de las condenas, y crece en vez de contraerse con la represión, cabe sospechar que encubre un proceso de reorganización en la moral vigente».[44]

La religión emprendió una cruzada (a la que luego se le sumaron los Estados "democráticos") contra la comunicación humana. No les gusta que nos entendamos, ni entre nosotrxs ni con las energías que nos rodean. Nos robaron el lenguaje que teníamos para comprender las cosas, para empatizar con lxs demás, para conocer las causas de nuestra existencia. En su lugar nos colocaron un lenguaje atrofiado y unas respuestas que dejan mucho que desear.

El Estado prefiere prohibir que lidiar con la seguridad del consumo, la prohibición no es más que una clásica evasión de responsabilidad. Pero esto es relativamente nuevo, pues por ejemplo en el código Hammurabi (Siglo XVIII a.C.) en

---

43. Y si alguien piensa que practicar deportes no genera explotación que me haga el favor de mirar las etiquetas de la ropa y los materiales que usan para practicarlos, ¿va? Eso por no pensar en los gastos médicos que generan las lesiones y accidentes derivados de hacerlos. Sirva una pequeña anécdota como ejemplo: Le comento a un compa indígena que otro amigo europeo se ha jodido los ligamentos y que ha tenido que hacer una colecta para pagar los gastos médicos, él me dice que cómo le pasó, le respondo que corriendo, me pregunta que de qué corría, que si lo perseguía alguien, le digo que corriendo nomás, me dice que qué cosa más absurda con la cantidad de gente que se lastima trabajando y no tiene ni para desinfectar las heridas. Fin de la conversación.

44. *Historia general de las drogas.* Op.Cit. Pág. 7

su artículo 108 reza: «Si una tabernera rebaja la calidad de la bebida, y esto fuese probado, la arrojarán al agua»[45]. Es decir, era responsabilidad de los gobernantes asegurarse de que las drogas que se consumían fuesen de buena calidad.

En los banquetes y fiestas en Grecia y Egipto "la bebida era regulada por un maestro de ceremonias, encargado de determinar el grado de embriaguez aconsejable"[46]. Imaginemos que hubiera alguien así en las cantinas y bares, en nuestros espacios de lucha… Muy posiblemente no hubiéramos tenido tantas malas experiencias con personas pasadas de rosca o con nuestros propios actos.

Pero al no considerarse socialmente al alcohol como una droga poderosa, la gente no le tiene respeto y por ello suceden tantos accidentes en torno a su consumo. Del mismo modo que no se entiende a alguien entrando en una farmacia y pidiendo 20 cajas de ibuprofeno para ingerir todas las pastillas delante del mostrador, debería no ser comprensible que una persona responsable de una barra pueda dar alcohol ilimitado a alguien hasta que se caiga por los suelos. El modelo de trabajo asalariado capitalista bajo el cual actúan las personas (en el que vender más y más es el objetivo) podría dar una explicación de por qué alguien puede facilitar la intoxicación "legal" de otra persona causándole incluso la muerte. En una sociedad regida por la acumulación de dinero y bienes materiales, casi todos los aspectos de nuestra vida se ven afectados por el hecho de que se antepone siempre vender cosas y muy por delante de nuestra salud o nuestra integridad físico-emocional.

Una de las clasificaciones más comunes de los "narcóticos" es la que los divide entre analgésicos, estimulantes y visionarios[47]. En todas esas categorías hay sustancias prohibidas pero no es casual que sean las visionarias las que están censuradas en su totalidad. No quieren que veamos más allá de lo que nos muestran. ¿Entienden?

Estar embriagadx en la Grecia arcaica significaba "darle lo suyo a lxs diosxs"[48] y "enteógeno" significa literalmente "engendrar dentro de sí al dios". Eso parece ya no ser importante para nadie, pero créanme si les digo que sí lo es, y mucho. El estado de las cosas con el que tenemos que lidiar ahora mismo no sería así si no fuera por el control ejercido durante milenios por parte del clero sobre el consumo de ciertas plantas que tienen la capacidad de hacernos pensar, de dejarnos "ver".

Como era claro que la gente se iba a seguir drogando lícita o ilícitamente, los Estados prohibieron unas sustancias y permitieron otras, y fomentaron además la introducción de drogas nuevas, placebos y sucedáneos de las drogas que nos

---

45. *Historia general de las drogas.* Op.Cit. Págs. 52-53

46. El texto continua diciendo que se considera que esas bebidas no eran solo vino sino que pudieran contener otras sustancias provenientes de plantas. *Historia general de las drogas.* Op.Cit. Pág. 55.

47. Lewin, L.: *Phantastica*, Payot, Paris, 1970.

48. *Historia general de las drogas.* Nota al pie 33, pág. 31.

conectaban con nuestro ser natural pero desprovistas de esa capacidad, dejando de libre circulación y hasta fomentando las que fueran de tipo lúdico (como el alcohol) o estimulantes de la productividad (como el café y el chocolate).

> «[las sociedades industriales avanzadas] requieren drogas totalmente distintas, que en vez de inducir visiones místicas o trances adivinatorios otorguen un tipo u otro de analgesia, y un tipo u otro de estimulación en abstracto, pues tales son los medios para seguir colaborando en el engrandecimiento del Estado».[49]

Desde mi mirada anarcofeminista drogarse con sustancias ilegales, sobretodo si son de tipo visionario, es una traición al sistema, es hacerles trampa:

> «[…] el criterio de quienes gestionan el control social entiende que, por definición, cualquier sustancia "psicotrópica" es una trampa a las reglas del juego limpio: lesiona por fuerza la constitución psicosomática del usuario, perjudica necesariamente a los demás y traiciona las esperanzas éticas depositadas en sus ciudadanos por los Estados, que tienen derecho a exigir sobriedad porque están atentos a fomentar soluciones sanas al estrés y la neurosis de la vida moderna, encarnadas sobre todo en el culto al deporte de competición».[50]

La droga no mata: mata la carencia de información, toda esa ignorancia; mata la adulteración de las sustancias, derivada de la falta de calidad que a su vez está causada por la ilegalidad. Además, algunas drogas dan respuestas muy diferentes a las recibidas, a las esperadas, y esas respuestas son jodidamente peligrosas para el poder dominante.

Drogarse es una forma de desobediencia civil a una autoridad que quiere legislar y legisla constantemente sobre nuestros cuerpos y estados de ánimo. Casi todas las leyes prohibicionistas están enfocadas a proteger a las personas de sí mismas, lo cuál es mucho más simple que educar en el autocuidado. Esa es la base sustancial del Estado: hacernos creer que lo necesitamos por nuestro propio bien, para que nos proteja de nosotrxs mismxs.

En las culturas de la antigüedad, cuando no estaba separado el cuidado del cuerpo del cuidado del espíritu, algunas drogas eran usadas para purificar el alma, para obtener respuestas auténticas sobre la realidad aledaña (¡las plantas no tienen la fea costumbre de mentir!), para sentir más y mejor, etc. Y en gran medida, somos lo que somos por las drogas que consumieron nuestrxs ancestrxs pues muchas de ellas configuran el pensamiento de una determinada manera.

---

49. *Historia general de las drogas*. Op.Cit. Pág. 45.

50. *Historia general de las drogas*. Op.Cit. Pág. 5.

«La alta estima del budismo hacia el cáñamo, por ejemplo, no se explica contando la leyenda de que Buda se alimentó durante una semana con un cañamón diario, sino indicando hasta qué punto los efectos de esa droga se relacionan con sus específicas técnicas de meditación».[51]

Lo cierto es que el ser humano lleva usando la droga desde el principio de la especie. Para múltiples propósitos siendo los más importantes la sanación, la conexión con eso llamado "dios" y la creación.

«Salvo en comunidades que viven en zonas árticas, desprovistas por completo de vegetación, no hay un solo grupo humano donde no se haya detectado el uso de varios psicofármacos».[52]

Tenemos receptores cerebrales específicos para un montón de sustancias. Están ahí porque nuestra especie lleva tomándolas por decenas de milenios[53], porque ciertas drogas son ya parte de nuestro cuerpo, está en nuestro ADN recibirlas. ¿Cómo algo así se ha podido convertir en perjudicial para nuestra salud?

El *homo sapiens sapiens*, al igual que su ancestro más cercano, el bonobo[54], es un irremediable buscador del placer. A diferencia de otras especies, nosotrxs estamos acá porque todo lo que da placer es justamente aquello que nos mantiene vivxs y reproduciéndonos: comer, dormir y coger; así de simple. Estos tres actos generan sensaciones placenteras pues detrás de ellos hay unas maravillosas glándulas que segregan serotonina y otras sustancias relacionadas con lo placentero. Era de esperar pues que tarde o temprano íbamos a encontrar el modo de obtenerlo por otras vías no relacionadas con lo que nos perpetúa sino con lo que nos hace, sin más, sonreír, ser felices.

La figura del chamán o la chamana es muy antigua y estaba presente en absolutamente todxs los grupos humanos conocidos[55], pero en las sociedades occidentales (y en gran parte de las sociedades colonizadas por occidente) esa figura ya no existe: fue asesinada, exterminada por la cultura dominante dejándonos desprovistxs también de las enseñanzas, la sanación y los usos constructivos ligados a

---

51. *Historia general de las drogas.* Op.Cit. Pág. 16.

52. *Historia general de las drogas.* Op.Cit. Pág. 1.

53. Una de las primeras pruebas del consumo de plantas enteógenas data del 60.000 a.C. Tanto el homo sapiens sapiens como el Neanderthal han sido especies consumidoras de drogas desde su origen. Guerra-Doce, E.: *The Origins of Inebriation: Archaeological Evidence of the Consumption of Fermented Beverages and Drugs in Prehistoric Eurasia.* Artículo en Journal of Archaeological Method and Theory, septiembre de 2015, volúmen 22, número 3. Págs 751–782. Pág. 4.

54. Bonobo significa "ancestro" en bantú. Para saber más ver: *https://archive.org/details/bonobos_antologia_transfeminista*

55. «Las pruebas del chamanismo tienen en Europa unos 30.000 años de existencia». *Historia general de las drogas.* Op.Cit. Nota al pie 17, pág. 26.

ciertas drogas. Y no solo eso, también nos dejaron sin la posibilidad de imaginar una forma de organizarnos mejor, más en sintonía con todo lo que nos rodea y con lo que deberíamos coexistir.

> «Es demostrable que en los grupos donde hoy se consumen periódicamente drogas de tipo chamánico no hay gobierno autocrático ya formado o en trance de formación. Lo que esos grupos persiguen ante todo es lograr una simbiosis con su medio natural, desarrollando al máximo la autonomía práctica de cada individuo; a tales fines retienen una identidad colectiva que jamás traspone las fronteras de la *sociedad* para penetrar en aspiraciones de *Estado*».[56]

Los textos sXe hablan del chamanismo con exotismo, como si fuera algo totalmente alejado de la cultura occidental, deslegitimándolo con esa lejanía calumniosa para que nadie pueda usarlo como argumento en contra de sus ideas: lo ancestral y cultural de los usos de algunas drogas. Lo tratan generalmente desde la ignorancia y la falta de respeto, como una cosa de pueblos lejanos y recónditos (les falta decir "salvajes" aunque igualmente lo insinúan). Pero lo cierto es que el hecho de que a nuestrxs chamanxs lxs haya quemado la Inquisición, no quiere decir que no existieran y que no fueran figuras claves para la salud de la comunidad.

Hay fragmentos de textos sXe que suponen una terrible forma de desprecio del conocimiento ancestral de los pueblos y que revelan una conciencia cero de que existe una diversidad inmensa en los modos de adquirir sabiduría:

> «No vivimos a 4.000 metros de altura ni necesitamos explicarnos los extraños procesos que se llevaban a cabo alrededor de los pueblos primitivos (ni tan siquiera a nuestro alrededor), porque tenemos las suficientes razones científicas y cognitivas para resolver estos enigmas sin necesidad de recurrir a ninguna invención provocada por las drogas. Estos pueblos usaban las drogas para explicarse fenómenos de los que no disponían de un esclarecimiento de otra forma, al igual, que se utilizaban leyendas, cuentos y religiones para explicar los mismos o los orígenes y/o fenómenos naturales que no sabían ni cómo, ni por qué se producían».[57]

Básicamente está diciendo que anterior a la ciencia occidental se usaban las drogas para obtener conocimientos sobre el mundo, pero que desde su punto de vista no son más que "invenciones" porque claro, esos conocimientos no salieron de un laboratorio suizo ni de una universidad española o gringa...

---

56. *Historia general de las drogas*. Op.Cit. Pág. 45.

57. *Drogas ¿Una opción personal?*. Op.Cit. Pág. 158. Este fragmento está al final del libro en un apartado llamado "Respuestas rápidas a preguntas estúpidas" y se supone que esas palabras responden a la cuestión de si las drogas sirven para el autoconocimiento... ¡Sencillamente atroz!

En este sentido su pensamiento se parece mucho al católico colonialista. Y no se me ofendan, pero es la verdad. Igual que exigen a las personas que revisen sus éticas revisen ustedes su afirmaciones, por favor.

La religión católica promulgaba la abstinencia y alentaba la prohibición de estas sustancias mágicas precisamente por ese poder de conocimiento que se encuentra a través de ellas. También asesinaron, en una estrategia que trastocó el rumbo de la historia occidental, a prácticamente todas las personas que tenían extensa sabiduría sobre drogas y medicinas. La identidad "bruja" y todo lo que quedara bajo ese mismo paraguas (hechiceros, matronas, parteras, sabios paganos, etc.) tenía que ser destruido para que no hubiera nada que pudiera contradecir su absurda concepción de la vida como algo transitorio (lo terrenal) que ha de pasarse sufriendo para luego ascender a ese hipotético cielo. ¡No sean así, es patético!

«No deja de ser llamativo que desde sus comienzos el cristianismo mirase con reprobación el uso de cualquier especie de plantas tales [...] y que mucho más tarde la Inquisición desatara en América una dura persecución contra los nativos por emplear ritualmente hongos psilocibios. La iniciativa acabó arraigando tanto que de la micofobia no se librará ni un texto tan anticlerical como la *Encyclopedie*, cuyo artículo "Champignons" menciona que "solo sirven para ser arrojados otra vez al estiércol donde nacen". [...] Es posible que su peyorativo concepto no sea independiente de un desprecio en cuyo origen hay infundios propagados para luchar contra religiones precristianas».[58]

Algo que me molesta es que piensen que todos los cultos o las formas de espiritualidad son alienantes, faltando de ese modo el respeto a algunas creencias que hay en el planeta que usan drogas visionarias en sus prácticas de conexión con lo divino y que son en la base mucho más beneficiosas para el ser humano que las religiones monoteístas mayoritarias:

«No es de extrañar esta unión drogas-religión, ya que se complementan, [pues] producen en las personas diferentes grados de alienación y sumisión».[59]

Argumentan que las drogas no constituyen algo necesario para la sociedad... ¿Qué sociedad? Constantemente usan un lenguaje que básicamente refleja la falta de información sobre todo aquello que quede más allá de sus estrechos círculos de confort euroblanco. Ni idea de la inmensa cantidad de sociedades existentes en el presente y en el pasado de la humanidad para las que algunas drogas eran y son

---

58. *Historia general de las drogas*. Op.Cit. Pág. 45.

59. *Drogas ¿Una opción personal?*. Op.Cit. Pág. 66. Esto lo comentan concretamente respecto a la religión rastafari y su uso de la marihuana.

algo elemental. Incurren en actitudes colonialistas y de desprecio hacia las tradiciones ancestrales de otros lugares e incluso de las propias. Esta frase deja buena prueba de ello:

> «Durante el siglo XX, numerosos estudios médicos [no citan cuáles] fueron demostrando los perjuicios del tabaco, y negando su posible utilidad terapéutica, en relación también con las creencias que habían mantenido los amerindios sobre su uso, repleto de mitología».[60]

¿Mitología? ¡¡¡WTF!!!

Un error garrafal del movimiento sXe es a mi entender su tendencia a generalizar. Es muy criticable que constantemente se hable de "las drogas" como un todo que se comporta de manera rígidamente similar. Esa incierta generalización las considera algo unido e indisoluble y no hace más que mostrar ingenuidad o falta de interés en profundizar en el campo. En el propio prólogo del libro *Drogas ¿Una opción personal?* surge la primera incongruencia pues definen droga como una sustancia adictiva cuando es claro que no todas las drogas generan adicción. Esto es algo que me he tenido que encontrar continuamente en casi todos los textos sXe: un rasero que pasa sobre todo lo que consideran drogas, de forma cómoda y desprovista de datos sobre las sustancias, rozando en ocasiones la demagogia.

Tratan de evadir por todos los medios hablar acerca de drogas de tipo visionario, o de las que no generan adicciones o de las que tienen extendida trayectoria de usos terapéuticos. Y alegan haberlas dejado de lado por falta de tiempo y espacio y porque no son tan consumidas en espacios politizados. Si las tratan es muy de refilón, no les vayan a desarticular sus teorías de rechazo total a las drogas que dicen tan fundamentadas en hechos y no en ideología...

Creo que aquí yace la motivación de una de mis más importantes críticas a estas ideas que casi sin excepción condenan el uso de sustancias englobándolo todo ello bajo la dispersa etiqueta de "las drogas".

> «También hemos dejado a un lado otras sustancias tóxicas como la ketamina, el LSD, peyote, éxtasis… debido a una falta de tiempo y espacio».[61]

Lo cierto es que hay una inmensa diversidad de drogas y en especial las que son previas a la era capitalista (la gran mayoría por cierto) que no tienen nada de nocivo si se conoce la forma de usarlas.

---

60. *Drogas ¿Una opción personal?*. Op.Cit. Pág. 17. Acá se entiende lo terapéutico a la manera absoluta occidental: todo aquello que mantenga al cuerpo funcional para seguir trabajando y sirviendo al poder. No contemplan que también es terapéutico el hecho de sentirnos felices.

61. *Drogas ¿Una opción personal?*. Op.Cit. Pág. 10. Por supuesto ninguna de esas sustancias es "tóxica" si se usa bien. Quiero decir, también es tóxico el perejil si se equivoca la dosis, como en todo.

«Unos fármacos serán más tóxicos y otros menos, pero ninguno será solo sustancia inocua o mera ponzoña [...] Hablar de fármacos buenos y malos era para un pagano tan insólito, desde luego, como hablar de amaneceres culpables y amaneceres inocentes».[62]

Otra de las cosas muy criticables es la miopía de su mirada cuando no distinguen entre la sustancia y la instrumentalización de la misma por parte del sistema capitalista industrial. Así, el tabaco es lo mismo que la industria tabacalera, o la coca es lo mismo que la guerra narcotráfico/Estado. Esta correspondencia forzada invisibiliza por completo la historia de las drogas y entorpece la creación de formas críticas y politizadas de tomarlas, pues niega que tal cosa pueda ser posible. Lo mismo sucede constantemente con el uso de las palabras tabaco/tabaquismo, alcohol/alcoholismo y droga/drogadicción. La frontera entre droga y alimento, que era mucho más difusa en la antigüedad queda acá consolidada cuando se habla de adicción.

«En relación también a la adicción que produce y que se enfrenta radicalmente en contra de la idea de una individualidad libre e íntegra, ajena a todo tipo de dependencias materiales».[63]

Obviamente esta confusión deriva en otra que es incluso peor: aquella que no distingue entre uso y abuso y que además plantea el no-uso absoluto como una solución para lo segundo, lo que resulta más un parche de emergencia que un remedio verdadero, pues el problema del abuso no está fuera de la persona (ni en lo que se mete) sino bien adentro suyo. Cuando hablamos de cuidado mútuo dentro de los colectivos no considero que la exclusión o la censura respondan a eso sino más bien a una estrategia dominada por la pereza y las pocas ganas de cuidar a quienes por un motivo u otro caen constantemente en los abusos de algunas sustancias, sobre todo del alcohol.

Quizás me repito pero la verdad es que es muy importante informarnos de todo, especialmente si nos consideramos disidentes políticxs. Dejemos la ignorancia para quienes le hacen el juego al sistema, nosotrxs podemos dedicarnos mientras a analizar las cosas y a pensar en estrategias que superen lo simplista de un "di no a las drogas", ¿o no?

Con certeza decir "no" a ellas, y repetir esas ridículas consignas del Estado prohibicionista, colabora en cierto grado con su demonización, estrategia que ese

---

62. *Historia general de las drogas.* Op.Cit. Pág. 9.

63. *Drogas ¿Una opción personal?.* Op.Cit. Pág. 13. ¿Pero esta gente dónde vive? ¿Encontraron el lugar donde el ser ya no tiene dependencias materiales? ¿Se alimentan de la caca de los pájaros y el agua de la lluvia? ¿Están hechxs de éter?

mismo ente (una mezcla de moral católica y pulsión acumulatoria) lleva usando durante siglos para desproveernos de algo tan empoderante y sanador como lo son ciertas sustancias.

Lo que el clero categorizó como pecado, hoy la ley lo sentencia como delito y la medicina como patológico: diferentes visiones para juzgar a quien toma drogas. A esto habría que añadirle que el movimiento sXe hace lo mismo pero adjudicando la etiqueta de "no revolucionario" o "no ético" al acto en sí.

Creo que lo que más me enoja de esa postura es la falta de información. Siempre di por sentado (y lo voy a seguir haciendo a pesar de todo) que las personas críticas con el sistema lo son por convicción propia y no por borreguismo, que se instruyen antes de opinar o actuar y que no siguen a "gurús". Obviamente eso no es así pues atendiendo un poco a la historia y a lo que ésta tiene que contarnos sobre las drogas, decirles que "no" es una respuesta cuanto menos pobre y mezquina.

Quiero decir, ¿qué clase de imagen tienen de las personas usuarias? En ocasiones parece totalmente extraída de los telediarios, es muy básica, y piensan que las personas que nos drogamos estamos mal con nuestras vidas cuando en la mayoría de los casos no tiene nada que ver, quizás más bien todo lo contrario: hacemos lo que queremos hacer en todo momento y no hay nada más anarco que eso.

Ustedes no pueden perpetuar la demonización de las drogas que comenzó con la cruzada católica y continuar diciéndose a sí mismxs gentes libertarias. Muchas personas han perdido la vida por culpa de eso, y muchas más la seguirán perdiendo si no lo paramos. A veces cuando leo lo que escriben o escucho lo que dicen únicamente puedo pensar en esos imbéciles que llegaron a América con la cabeza llena de basura y prejuicios a cargarse todo lo que había con el pretexto de que era pagano, maligno, perverso. Ustedes, sXe se parecen a esos colonizadores genocidas y sería genial que trataran de no hacerlo. He tenido que escucharles demasiadas pendejadas, incluso que citen como fuentes cosas tan repugnantes como una serie de documentales llamados *Drogas: tratando con el demonio*.[64] ¿En serio? ¿No les da vergüenza?

Lean las crónicas de los españoles sobre los usos rituales de sustancias (hoy catalogadas como drogas ilegales) en Latinoamérica. Ahí se aprecia claramente el proceso de demonización que estaba por venir y al que ustedes en gran medida le dan continuidad:

> «Sahagún y Benavente, dos de los primeros cronistas, coinciden en considerar que el *teonanácatl* se vincula directamente con Lucifer y dice el primero que por eso mismo suscita "miles de visiones […] privando de sus sentidos a quienes lo ingieren y haciéndoles creer mil absurdos"».[65]

---

64. *Drogas ¿Una opción personal?* Op.Cit. Pág. 118.
65. *Historia general de las drogas.* Op.Cit. Pág. 79.

Claro, obviamente para la visión católica del mundo, ver a "dios" directamente (sin intermediarios lucrantes o figuras de autoridad) y que esa divinidad fuera un todo sin género que habita en cada cosa viva o inerte, era un tremendo absurdo. Pobrecitos hombres, podrían haber aprendido tanto, sanado tanto...

En la cultura andina el uso de la coca tiene al menos 5.000 años de antigüedad y 3.000 años el uso del cactus San Pedro, llamado así por los españoles en referencia al guardián del cielo.

En la cosmogonía azteca «el trance extático inducido por medios botánicos conserva un prestigio de pura autenticidad, como el sueño o el orgasmo [...] Sueño, alucinación y orgasmo son visitas del tonal ("sombra" del cuerpo) a lugares insólitos, que habitan dioses o difuntos».[66]

Se consideraron drogas "aliadas del diablo" justo aquellas que tienen la virtud de hacer a las personas que las ingieren pensarse como parte de un todo y en cooperación con lo divino o aquellas que sanan el espíritu. Si una cosa pueden hacer algunas drogas como la ayahuaska o los hongos es precisamente mostrar de forma muy ilustrativa grandes verdades sobre nuestra existencia. ¿Qué podría haber más incompatible que eso con la sarta de mentiras y manipulaciones sobre las que asienta sus pilares la religión católica?

> «Tras un primer período [de crónicas] caracterizado por abundantes noticias sobre plantas "diabólicas" creció un progresivo silencio sobre la materia, mientras los cultos paganos y sus vehículos botánicos iban siendo extirpados por misiones católicas y protestantes. La represión fue tan severa que estando en México el ilustre botánico W.E. Safford (1915) no vaciló en considerar "ficción" la existencia de hongos psilocibios».[67]

De hecho una de las cosas que más me llama la atención sobre el tema sXe es verlo expandido por Latinoamérica. Proveniente de Estados Unidos, como muchas otras ideas que son parte del colonialismo ideológico, como lo *queer*, se ha injertado en grupos *hardcore*/antisistema latinoamericanos con asombrosa facilidad desde los años 90. Pero pues acá parece encajar menos que en cualquier otro lugar, la verdad.

> «Lo característico de América son dos factores. El primero es una riqueza incomparable de flora psicoactiva. El segundo es la vinculación de su consumo con cultos religiosos, tanto al nivel de grandes civilizaciones como de pequeñas comunidades aisladas».[68]

66. *Historia general de las drogas.* Op.Cit. Pág. 90.
67. *Historia general de las drogas.* Op.Cit. Pág. 88.
68. *Historia general de las drogas.* Op.Cit. Pág. 77.

Y no es una casualidad que justo en los territorios más torturados y masacrados por batallas entre narcotráfico y Estado, sea donde menos auge tiene el movimiento[69] si lo comparamos con la influencia sobre otros países, pues es evidente que con un micro-sector privilegiado de la población dejando de drogarse no se modifica en absoluto la culera realidad de quienes de un modo u otro padecen las consecuencias de que las drogas sean ilegales, pero ese hecho hay que tenerlo frente a las narices cada día para poder asumirlo.[70]

Quizás por ello donde más pegó lo sXe fue en Argentina, donde desde principios de los 90 empezaron a surgir bandas de harcore de ideología sXe. Los fanzines[71] que he podido checar la verdad es que me dejaron bien perpleja... En ellos encontré estas dos citas que con toda sinceridad espero que no sean representativas de lo que se piensa comúnmente dentro de lo sXe:

«El SXE tiene cuatro principios.

No intoxicarse: Que es el más conocido.

No apostar: Nosotros creemos que jugar por dinero te puede llevar a ser un jugador compulsivo, mucha gente perdió todo a través del juego.

No matar animales para consumo:

Esto significa no comer carne, no usar pieles ni cueros, etc.

No sexo ilícito: Esto no significa abstinencia o celibato, significa tener una relación estable y verdadera. Estas personas que se relacionan como animales nunca serán realmente felices, solo están pasando un rato agradable, siempre están expuestos a enfermedades venéreas. Con esa actitud nunca podrán formar una relación ideal».[72]

«El aborto es asesinato premeditado, a causa de no pensar las cosas en frío».[73]

En algunas ocasiones (y en esto también se parecen bastante al facha capitalista) hablan incluso de que, por ejemplo la marihuana "afecta al rendimiento en el trabajo" o que «quienes consumen tienen un menor rendimiento que quienes no»[74].

---

69. En relación al número de población, el lugar con más presencia de colectivos y grupos sXe es Bolivia, seguido por Argentina. Esto es un dato que he calculado comparando el número de personas que pueblan los países y el número de resultados *on-line* cuando buscamos "Straight Edge" mas el nombre del país. No es una metodología muy fina pero la consolida el origen de las publicaciones sXe latinoamericanas.

70. Recomiendo revisar la obra del artista colombiano Edinson Quiñones, cocalero de profesión y devenido en un potentísimo activista de denuncia. *https://www.edinsonquinonesfalla.com/*

71. Sobretodo *Confraternidad Straight Edge* y *Tiempo de Cambio*. Si googlean tendrán toda la info al respecto en cómodo formato PDF.

72. Fanzine *Confraternidad Straight Edge*, Número 1, Buenos Aires, 1993. Pág. 7.

73. Fanzine *Tiempos de Cambio*, Número 2, Buenos Aires, 1994. Pág. 20. No sé si en la actualidad haya chicas feministas dentro del movimiento pero desde luego que hacen mucha mucha falta...

74. *Drogas ¿Una opción personal?* Op.Cit. Pág. 56.

O sea, uno de los argumentos de los Estados para prohibir la hierba es justo ese, que reducía el rendimiento de la clase asalariada y obrera, que es lo mismo que decir que las piececitas del engranaje del capitalismo no querían funcionar o ser esclavizadas. Y desde luego que fumando maría se pierden estas motivaciones de trabajo capitalista, les pega una patada en el culo básicamente. Se me hace muy loco que lo usen acá como argumento para no fumar, parece el panfleto de un patrón a sus peones más que un texto libertario.[75]

Demonizar la "cultura de la droga" es una insensatez porque eso somos, es nuestra cultura, nos guste o no, y si esta sociedad contemporánea está centrada desde hace siglos en industrializarlo todo, entonces nuestra cultura estará industrializada en casi todos sus aspectos, drogas incluidas.

Me hace mucha gracia cuando hablan de coherencia desde el movimiento sXe, porque para escaparnos íntegramente del sistema y apelar a la coherencia a la hora de no consumir drogas tendríamos que dejar de consumirlo TODO.

Entronizan a médicos libertarios que desarrollaban teorías en contra del tabaquismo y el alcoholismo y al mismo tiempo apoyaban los anticonceptivos químicos (como la píldora) que eran y siguen siendo de las cosas más tóxicas que una mujer puede introducir en su cuerpo.

Con toda esta incoherencia por parte de quienes pretenden hacerse lxs coherentes con la lucha, me pregunto muchas cosas como por ejemplo si sabrán estas personas, que de seguro también y por coherencia estarán en la lucha anticarcelaria, que tres cuartas partes de la población penitenciaria está ahí por cuestiones de drogas. Qué cinismo es entonces participar por el fin de las prisiones y luego adoptar esas mismas actitudes de "di no a la droga", que son justamente las que mantienen a esas personas encerradas.

U oponerse a la legalización. Creo que es muy mezquino que estén en contra de algo que podría suponer la libertad para cientos de miles de personas que están privadas de ella. Eso por no hablar de la inmensa cantidad de gente que no puede

---

75. Por cierto que el artículo sobre marihuana de este libro es realmente vergonzoso... Está totalmente lleno de manipulaciones (¡hasta de su etimología!), carencia de fuentes, mentiras directas, omisiones interesadas y mucha demonización y desinformación. Incluso, si pegamos buena parte de su contenido entrecomillado y lo ponemos en *google*, veremos que el texto es una especie de Frankenstein hecho a pedacitos de lo que nos aparece como primeros resultados de este masivo buscador. Es decir: está escrito por gente que no tiene ni la más mínima idea de lo que habla y que en lugar de informarse profundamente sobre el tema del que dicen estar tan interesadxs, tira por la vía rápida depositando su confianza en un medio tan poco fiable como *google*... En serio no puedo creer que una editorial que se dice a sí misma "libertaria" no tenga criterio ninguno a la hora de publicar cosas totalmente desprovistas de sentido y legitimidad. Digo, para haberlo escrito personas "sobrixs" y en "plenas facultades" deja mucho que desear... En el susodicho artículo hay hasta citas de la DEA, de militares y fachos y de ¡políticos gringos! Citas a instituciones, y estudios, muchos estudios que avalan que la marihuana es malísima (pero eso, sí, no dan la fuente de ni uno de ellos). *Drogas ¿Una opción personal?* Op.Cit. Págs. 45-69.

acceder a su tratamiento con marihuana porque está prohibida en la gran mayoría de países. Quiero decir, si es algo que podría beneficiar a tantxs ¿por qué oponerse? Pura mala saña a mi entender y también estar muy desubicadxs y vivir en burbujas de confort en las que difícilmente se puede llegar a empatizar con lxs demás.

En el libro ya de sobra mentado llega a decir cosas como esta:

> «De hecho el debate legalización VS ilegalización no lleva a ningún lado ni resuelve ningún problema. Si acaso lo que conseguirá la legalización [de la marihuana] es que se normalice aún más su consumo y se considere una droga social más, como el alcohol o el tabaco (ya legales y que enferman y matan a mucha gente sin permanecer a la sombra de la ley)».[76]

Que yo sepa la maría ni enferma ni mata a nadie, lo que mata y enferma es su clandestinidad de forma indirecta y vía narcotráfico.

Fue muy significativo ver unas frases escritas en la puerta de un baño de un espacio feminista acá en Ciudad de México que decían lo siguiente: "¡Dejen de culpar a lxs usuarixs de drogas de la guerra! ¡Ya Basta! Politiza tu consumo".

Y la verdad es que creo que una de las cosas que más hiere a la lucha de las ideas sXe es ese poner en duda la ética de quienes se drogan. Dicen que quienes nos drogamos nos escudamos en una libertad irresponsable del consumo. Yo sé que de seguro todas las personas sXe han tenido experiencias negativas con otras gentes drogadas, borrachas, intoxicadas dentro de sus círculos. O quizás ellxs mismxs han sido en el pasado esas personas y no lo quieren ser más. Es imposible no haber tenido una mala experiencia con drogas en esta sociedad que nos dejó totalmente desprovistxs de instrucciones para su buen uso. Así lo mismo hemos tenido todxs experiencias deplorables con el amor, el sexo, el trabajo, la comida, la salud, etc. Pero no por ello dejamos de amar, ni de follar, ni de trabajar, ni de comer, ni de cuidarnos. ¿Por qué deberíamos dejar de drogarnos entonces? ¿Por qué en este campo no se quiere desarrollar una alternativa?

El cuidado del cuerpo no parte nomás de lo que le metemos sino de la calidad de lo que le metemos, su dosis y el momento en que lo hacemos. Comer un kilo de sal nos llevaría de cabeza a la tumba. He visto personas de estas que se piensan a sí mismas como un dechado de virtudes (anarco, *vegan*, *straight edge*, siempre en bici, antiespecista, blablabla) alimentándose casi exclusivamente de harinas refinadas, atascarse de chocolates con azúcares procesados, etc. Y luego entra alguien en sus espacios fumándose un porro y les brota esa especie de paternalismo mezclado con inquisición y concurso de vamos a medirnos las éticas ¡Basta ya! como decía ese texto en el WC.

---

76. *Drogas ¿Una opción personal?* Op.Cit. Pág. 49.

Uno de los argumentos que más me chirría de todo el rollo sXe es ese de que sin demanda no habría oferta, pues además de culpabilizar a lxs usuarixs de las guerras generadas en torno a la ilegalidad de las drogas, se parece sospechosamente a los del abolicionismo de la prostitución (como decía al comienzo del capítulo) que también persiguen criminalizar a quienes la ejercen y a quienes la consumen desviando de este modo el foco de atención de los verdaderos responsables de las situaciones de abuso, trata y esclavitud.

Muchas de las ideas culpabilizantes hacia la persona usuaria son muy crueles y desatinadas:

> «No es casual que haya un número tan elevado de presos por este motivo [tráfico de cocaína]. Están presos porque existe consumo».[77]

Pues no, idiotas, están presos porque existe delito (por cierto un delito que hasta bien entrado el siglo XX no se consideraba como tal a pesar de que el derecho penal tenga milenios de historia), porque existe prohibición, demonización, etc. Están presos porque la inmensa mayoría de la sociedad se ha creído el cuento que ustedes promulgan con tanta ligereza de que las drogas son malas, sin avanzar con sus críticas más allá para señalar a los verdaderos culpables, que no son sustancias inertes, sino simples y corrientes humanos, pero con poder. La señora cuyo hijo se murió de una sobredosis no se culpará nunca a sí misma por la educación de mierda que le dio a su criatura, ni a los medios de comunicación, ni a la cultura, ni al gobierno, ni al sistema educativo. Culpará al pobre diablo que es agarrado trasportando droga y le parecerá estupendo que esta persona se pase el resto de sus días entre rejas. Le parecería fantástico seguro también que le aplicaran la pena de muerte. ¿Por qué? Sencillo: es mucho más fácil buscar un chivo expiatorio (cuanto más oscuro y extranjero sea, mejor) que plantearse que el sistema que en teoría está ahí para protegernos y cuidarnos y velar por nuestra salud y bienestar en realidad nos está cagando las vidas, porque no le importamos una mierda. Es más fácil buscar culpables concretos que responsabilizar a toda la sociedad porque esto segundo tendría necesariamente que pasar por la autocrítica y desencadenar cambios radicales y sustanciales en ésta y a eso estamos dispuestxs tan solo unxs pocxs.

Cómo se les llena la boca con la palabra "ética", en realidad no están más que ejerciendo juegos de poder, esa parece ser su droga. Por un lado dicen no identificarse con las prácticas condenatorias del Estado o demonizadoras de la Iglesia pero en general sus textos están plagados de cosas que ponen en duda la "verdadera" moral de quienes usan drogas:

77. *Drogas ¿Una opción personal?* Op.Cit. Pág. 92.

> «No perseguimos una falsa ética que pone al individuo frente a un tribunal
> moral al modo en que lo hace la ley jurídica».[78]

Son constantes en el lenguaje de sus textos las señales de estar usando las ideas
del enemigo para argumentar. Palabras como "inmoral"[79] por un lado y, por otro,
el uso de adjetivos como íntegro, digno o ético, adjudicados a quienes no se drogan. Algunxs hasta entienden las drogas como entidades pensantes que tienen la
capacidad de sacar de donde no hay:

> «Necesitando una sustancia externa que te cambia totalmente para produ-
> cir o expulsar tus ideas equivale a decir que tú no has hecho nada de todo
> eso. Ha sido lo que te has metido».[80]

Es muy ridículo. Al igual que el hecho de que se asocie a la persona consumi-
dora con la enfermedad mental. Se dice que muchas personas que se drogan lo
hacen para evadir la realidad, para no tener que "vivir". En realidad muchas de
las personas que nos drogamos lo hacemos especialmente cuando estamos tristes o abatidas pues entendemos la droga como una medicina para el espíritu. En
este sentido también arremeten contra los psicofármacos con la misma estrategia:
la abstinencia. Y yo me pregunto ¿tienen estas personas algún trastorno mental,
algún tipo de neurodivergencia o han tenido alguna vez contacto con personas
que sufren por estas dolencias? Me parece que la respuesta es NO. No se qué sería
por ejemplo de la vida de mi papá bipolar sin su litio. Bueno sí lo sé porque lo he
vivido y lo cierto es que es un verdadero infierno, para él y para las personas que
lo rodean. Se me hace igual de cruel y desubicado que decirle a una persona dia-
bética que no se inyecte su insulina porque es "una droga".

Cuando culpan a las personas usuarias de los conflictos armados "ocasiona-
dos" por la droga dejan al descubierto una insigne desinformación y hay una tendencia tremenda a simplificar las cosas:

> «Es llamativo el caso de Colombia, el mayor país productor del mundo, en
> el que desde hace 50 años encontramos un enorme conflicto armado que
> tiene como centro la coca».[81]

Este fragmento es muy insultante para las personas que tienen más familiaridad
con el conflicto armado de su país en el que por supuesto, los medios masivos y

---

78. *Drogas ¿Una opción personal?* Op.Cit. Pág. 42.

79. *Drogas ¿Una opción personal?* Op.Cit. Pág. 8.

80. *Drogas ¿Una opción personal?* Op.Cit. Pág. 164.

81. *Drogas ¿Una opción personal?* Op.Cit. Pág. 82.

los gobiernos primermundistas prefieren culpar a los narcos de todo pues no hacerlo los apuntaría a ellos como directos responsables. Otro fragmento que revela esta falta de interés por la información:

> «En México encontramos una organización denominada "El Chapo" que controla los corredores de trasiego de droga».[82]

Es evidente que la droga ha sido instrumentalizada para financiar guerras o usada como excusa para emprenderlas, pero creo que hablar de la droga en sí como causante de estas guerras es faltar a la verdad pues no es la droga sino su prohibición y demonización lo que ha generado todos estos conflictos.

Y en toda su ideología no sé tampoco si están contemplando en algún momento el factor de la clase, pero deberían hacerlo. Les dejo acá un poquito de historia. En la religión védica los brahmanes empezaron a censurar el uso de alcohol y de drogas (así como la ingesta de carne) para oponerse a otras ramas de la religión (shivaistas y vishnuistas) que empleaban como forma de comunión con el mundo ritos orgiásticos (con gran abundancia de alcohol, carne y sexo). La motivación de esto no era de índole espiritual sino política: prohibir el alcohol y la carne para que no se alborotara demasiado el pueblo y así poder mantener intactas las castas. Algunas personas sXe parecieran brahmanes modernos cerrando castas (las de quiénes son correctxs y quiénes no) pero al mismo tiempo cayendo en la incongruencia de considerarse un movimiento antiautoritario y horizontal.

Tanto en América como en la cuenca mediterránea, el origen de la prohibición se parece mucho al de los brahmanes: La coca era un privilegio oligarca inca[83] que dejó de ser considerado "idolatría"[84] porque no pisaba el campo ni de lo visionario ni de lo lúdico sino que sus virtudes (extinguir el cansancio, matar el hambre, quitar el sueño, acelerar el pensamiento lúcido, etc.) calzaban muy bien con las pretensiones esclavizantes del conquistador. No fue así con las drogas visionarias que hasta el día de hoy son consideradas cosa de campesinos, salvajes, pueblos primitivos y carentes de cultura.[85]

En lo único en lo que puedo estar de acuerdo con las ideas sXe es cuando hablan de la relación de la desarticulación de movimientos revolucionarios por parte de los gobiernos mediante algunas drogas. Por supuesto que los gobiernos

---

82. La organización a la que se refiere es al Cártel de Sinaloa cuyo principal dirigente era el Chapo Guzmán, extraditado a Estados Unidos cual sacrificio que se entrega a la boca del volcán capitalista.

83. *Historia general de las drogas.* Op.Cit. Pág. 84.

84. *https://es.wikipedia.org/wiki/Idolatría*

85. Todos estos adjetivos los he podido leer a lo largo de mi periplo por las ideas sXe...

han empleado ese tipo de estrategias y las van a seguir usando con total impunidad y extremado éxito mientras desde la disidencia no generemos modos diferentes de entenderlas y consumirlas.

Otras respuestas prohibicionistas y censoras que no provengan de lo considerado hostil con la libertad de las personas, como es la sXe, no son más que apaños, arreglos chapuceros a un problema enorme que atañe al adoctrinamiento sobre el propio cuerpo. No, amigxs, dejando de beber alcohol no va a haber menos violaciones[86], dejar de drogarnos con sustancias ilegalizadas ¡no es la panacea para acabar con la violencia!

Es muy absurdo tratar de remediar un problema de base con estrategias tan superficiales. ¿Por qué no mejor dejamos todxs de consumir oxígeno (por cierto también es una "droga" y estamos profundamente enganchadxs a ella) y nos morimos de una vez por todas? Así de seguro se acabarían todos nuestros pesares y los de buena parte de las otras especies del planeta. Si no quieren participar de la sociedad de consumo, muéranse, les prometo que es el modo más eficaz de no hacerlo.

No sé si realmente son conscientes del daño que hacen a sus comunidades con su actitud. Lo cierto es que hay, por ejemplo, una larga lista de eventos autogestionados que se financian casi en su totalidad con la venta de cerveza y otros alcoholes. Detrás de ellos hay causas muy nobles como el apoyo a presos (un ejemplo muy claro de esto es *Tattoo Circus*[87]), la Muestra Marrana[88], diversas jornadas feministas y de disidencia antipatriarcal, festivales de música independientes, etc. Aunque el alcohol industrial tiene bastantes impuestos que van a parar a las arcas del Estado (igual que los tabacos industriales) no deja de ser un modo rápido y seguro de conseguir dinero para causas que andan urgidas del mismo.

---

86. Algunos de los textos sXe que han caído en mis manos argumentan que toda la violencia hacia las mujeres se acabaría dejando de beber alcohol o dejando de tomar drogas. Muestro un ejemplo atroz encontrado en el libro *Borracheras no!* de Félix Rodrigo Mora: «Un suceso espantoso, ligado al alcoholismo de masas inherente al "socialismo real", fue la violación de unos 2 millones de mujeres (nazis, apolíticas, integrantes de la Resistencia al nazismo e incluso militantes del clandestino PC alemán y prisioneras soviéticas) en Alemania, en 1945, por los soldados del Ejército Rojo, la gran mayoría en estado de ebriedad». Esto me parece una falta impresionante de respeto a la lucha feminista y una de las pendejadas más grandes que me ha tocado leer. Mora, F.R.: *Borracheras no!* Le joven ingeniero ediciones, 2015. Pág. 46.

87. Diversos eventos denominados Tattoo Circus se han desarrollado en las últimas décadas en la península:
https://blogs.sindominio.net/kikemur/tattoo-circus-zaragoza/
https://www.instagram.com/tattoocircuskcn/
https://tattoocircusmadrid.noblogs.org/

88. La Muestra Marrana (2006-2016) fue un festival de postporno desarrollado principalmente en Hangar, Barcelona, pero que también tuvo ediciones en Madrid, Ciudad de México, Quito (Ecuador) y otros lugares. Era totalmente autogestivo y gratuito, de modo que la entrada principal de dinero para su organización, gestión, pago de viáticos a artistas, etc., provenía de la venta de cerveza.

Si están enfadadxs con el sistema, hagan el favor de pensar contra quiénes lanzar su vómito de ira, por seguro vomitamos hacia el mismo lugar. Lo que ha ocasionado principalmente la prohibición de sustancias ancestrales o desarrolladas en épocas modernas, además de un montón de sufrimiento, muerte y destrucción, es que las personas más ricas del planeta sean precisamente las encargadas de proveerlas a la población. Y no estoy hablando de las farmacéuticas sino de los narcos, que aunque no salgan en la lista *Forbes*[89] es en sus bolsillos donde se han generado las fortunas más grandes del siglo XX y XXI, entre otras cosas porque son de los pocos negocios a gran escala que no pagan impuestos al Estado y porque, ¡joder!, no se puede prohibir algo que pertenece desde los albores de la especie a nuestra forma de ser, a nuestra cultura e incluso a nuestra naturaleza[90] porque seguiremos haciéndolo aunque nos vaya la vida en ello.

Desconocer la dosis o la composición exacta de la droga causa la gran mayoría de muertes y accidentes. Hay, de forma totalmente independiente del Estado (e incluso a veces con la firme oposición del mismo) colectivos y asociaciones que se dedican a dar esta información perdida o manipulada. *Energy Control*[91] en España o *Échele Cabeza*[92] en Colombia llevan a cabo esta labor tan importante.

En *Bacantes* de Eurípides «La sucesión de cuadros va describiendo cómo una hipocresía inicial [la prohibición del alcohol] desemboca en catástrofe».[93]

Esto justamente, milenios después de que esa obra fuera escrita, es lo que ha pasado con la prohibición de algunas drogas. Es una verdadera catástrofe lo que sucede por ejemplo en países productores como Colombia o México donde la sangre de sus habitantes (ya sean civiles o implicados en el "negocio") se desparrama por el piso para que en los parlamentos, congresos y cortes "primermundistas" desde donde se tramó esa prohibición que generó toda esa muerte pueda desparramarse la cocaína que un alto porcentaje de políticos, jueces y legisladores consume[94].

En todo esto se generan unas paradojas difícilmente explicables mediante cualquier lógica que no sea la de la dominación de los Estados hipotéticamente

---

89. *Forbes* es una revista sobre negocios que cada año publica una lista de las personas más ricas del mundo en la que por supuesto los narcos no entran pues el dinero en teoría tiene que proceder de negocios legales. La de 2016 está encabezada por Bill Gates y le sigue de cerca Amancio Ortega, el dueño de Zara. Las fortunas que acumularon Pablo Escobar o El Chapo Guzmán son incalculables.

90. No me gusta usar la palabra "naturaleza" pero sinceramente no he encontrado otra mejor para describir aquello que hacemos de modo instintivo. Tampoco me gusta la palabra "instinto"...

91. *https://energycontrol.org/*

92. *http://www.echelecabeza.com/*

93. *Historia general de las drogas.* Op.Cit. Pág. 104.

94. *https://www.thesun.co.uk/archives/politics/868105/the-houses-of-charliement/* Un estudio reveló como el 90% de los baños del parlamento británico contenian restos de cocaína.

democráticos por sobre las personas que los conforman. Por ejemplo, que se permita a los gobiernos suministrar anfetaminas como el Ritalín a las infancias en contra de su voluntad y por otro lado se penalice a los adultos que las consumen porque quieren.

Me gustaría también que no se confundiera mi pensamiento: Una situación en la que alguien por voluntad decide no consumir drogas se me hace totalmente válida. Pero de ahí a no defender el consumo y la legalización, a tratar de etiquetar a quienes se drogan como personas "poco éticas" es del todo ridículo. Quiero decir, yo no consumo prostitución pero soy una defensora acérrima de los derechos de las putas; yo no tengo relaciones coitales con penes y es muy difícil que algún día me quede embarazada y tenga que abortar, pero me hierve la sangre de pensar en todas las personas que sufren a diario las consecuencias (cárcel y muerte por mala praxis) de que el aborto sea penalizado y lucho por el derecho a abortar de lxs demás.

¿Por qué una persona identificada como sXe no puede entonces, sobre todo si lo hace desde el anarquismo, posicionarse en la defensa de las drogas y su legalización? ¿Por qué no luchan para la eliminación del estigma en torno a las personas consumidoras en lugar de perpetuarlo como están haciendo?

Pienso que quizás habría un modo en el que las personas que deciden no drogarse y las que decidimos hacerlo pudiéramos retroalimentarnos pues estoy convencida de que de ambas posturas se puede aprender algo. Creo que esto tendría que tener como pilar detener los juicios acríticos sobre las prácticas de lxs demás si tenemos cosas comunes como por ejemplo el enemigo capitalista y patriarcal.

Hay cosas que queremos criticar igualmente como por ejemplo la industria de la droga y cómo la prohibición (una mera estrategia comercial que poco o nada tenía que ver en su trasfondo con la salud pública) ha trasformado ese mercado en una máquina de guerra.

Hay dos posicionamientos que considero "revolucionarios" y/o "éticos": el no consumo y el consumo, siempre que sean críticos y estén nutridos de información. La diferencia entre ambos es que uno de ellos (decidir consumir de forma crítica y politizada) no pretende adoctrinar al otro ni someterlo al moralómetro libertario. Yo no voy a tratar de convencer a una persona que no consume (y menos aún si la leo como aliada en la lucha) de que debería hacerlo por cuestiones relacionadas con la integridad de sus ideas y mucho menos a forzarla a consumir. Si ponemos la situación del revés todo esto sucederá en gran medida: personas consumidoras satanizadas en mucho colectivos, incluso expulsadas de éstos aunque su consumo jamás haya acarreado problemas a su círculo de militancia; espacios anarquistas vetando la cerveza de sus barras, excluyendo a lxs consumidorxs de entre sus muros; chantajes emocionales a personas consumidoras; cientos de zines y textos *on-line* que ponen en duda la ética y la salud mental de cualquiera que tome drogas, etc.

Es justo esto, lo disparejo entre dos posturas libertarias frente a las drogas lo que pretendo criticar y lo que creo que debería desaparecer por completo para poder convertirnos en una lucha más sólida y más unida. "Divide y vencerás" dice el enemigo, y esto viene a ser el veneno que nos llevan inyectando desde hace siglos a las disidencias.

En definitiva, si alguien pensó que se puede cambiar el mundo usando estrategias diseñadas para mantenerlo como está, cometió un error muy estúpido. Genial si cualquiera no quiere hacer uso de las sustancias denominadas como "drogas ilegales" por el gobierno, de hecho es hasta una opción inteligente en Europa pues está todo adulteradísimo y es muy complicado en realidad que llegue a nuestras manos lo que queremos y por lo que pagamos. Pero desde acá pido que se abandonen los discursos hermanos del prohibicionismo, porque perpetúan el estigma y no hacen ningún favor a quienes hemos tomado la firme decisión de luchar contra lo impuesto.

A las drogas, a esas sustancias que fueron y son sagradas y tan importantes para nuestro desarrollo psíquico, emocional y espiritual hay que restaurarles su posición en nuestras culturas, arrebatárselas de las garras al capitalismo con la misma pasión con que tratamos de rescatar otras cosas cooptadas por éste como pudieran ser nuestra alimentación, nuestra forma de amar, etc.

Compas sXe: Basta de criminalizar, demonizar y vetar a las personas usuarias; basta de generalizar (se os hace ver muy eurocentradxs por no decir colonialistas), tratad de conocer un poco más quien es vuestro enemigo[95] si es que decidís que son las drogas en sí y no el sistema que está detrás; dejad de apoyaros en estudios hechos por la ciencia dominante, en datos de instituciones, en argumentos del Estado prohibicionista, no lo necesitáis para tener una postura crítica frente a las drogas; apoyad las luchas legalizadoras o al menos no esteis en contra, pensad en toda la gente que podría no estar en prisión si fueran legales, seamos inteligentes; y ante todo y por favor no condenéis a vuestrxs compas usuarixs al ostracismo, muchas personas valiosísimas para la batalla necesitan ayuda, no una absurda pegatina donde diga "di no a las drogas" ni sermones de lo poco éticxs que se ven emborrachándose.

Y si no les gustan mis propuestas o sugerencias, entonces, para ustedes, héroes intachables de esa revolución que han interpretado como si se tratase de un "cielo" cristiano, les sugiero que se aparten de nuestro eufórico y "desviado" camino si es que no van a participar de él y se recluyan en sus monasterios donde todo todo todo es corrección política y sobriedad. Dejen de entorpecer luchas, dejen de dividirnos, dejen finalmente de jodernos con sus monsergas.

---

95. Hay una bibliografía maravillosa sobre historia de las drogas y algunas historias de aprendizaje y crecimiento en torno a ellas al final de este libro.

No es el parar de hacer lo que hace "el rebaño" lo que nos convierte en revolucionarixs, sino más bien el hacerlo diferente, o bien de un modo radicalmente nuevo o bien de forma que restaure la manera previa o ancestral de hacerlo, que regrese la práctica a algún momento precapitalista de la historia, por ejemplo. En este sentido creo que no es válido dejar de hacer lo que hace la mayoría sin más y así pretender cambiar la realidad pues nos guste o no esas personas que hacen las cosas tal y como les han dicho que las hagan pertenecen a la misma especie que nosotrxs, compartimos millones de cadenas de ADN y hay muchas cosas que no vamos a dejar de practicar (o de desear) jamás: Comer, respirar, dormir, follar y, en gran medida, drogarnos. Dejemos de abandonar las cosas que nos gustan y nos hacen bien como humanxs solo porque el detrito de sociedad en que vivimos tenga un modo espantoso de hacerlas; mejor pongamos la imaginación y la inteligencia a trabajar para poder generar una propuesta activa que dinamite todo lo aprendido de forma impuesta.

Y ojalá que esas propuestas puedan estar basadas en la sana práctica de parecernos cada día un poco menos a eso que consideramos "enemigo". Y el enemigo no es desde luego alguien que se droga o no se droga sino quien ha restringido la información sobre las sustancias, monopolizado y demonizado su uso como dos caras de una cínica moneda que ha silenciado la historia y nos ha alejado del ser pensante y curioso que somos.

Post Data:

Este capítulo concretamente ha sido escrito íntegramente bajo el ala divina de una o varias de las siguientes sustancias: marihuana, cerveza, cocaína, té de coca, cacao en grano, rapé, mezcal, tabaco y de forma "post-ingesta" y muy relevante, ayahuaska. También tomé ketoprofeno para el dolor menstrual y Mododial para aumentar mi concentración.

Soy amante de las drogas; me han enseñado muchas cosas, me han dado mucho poder y también muchas lecciones, algunas muy duras. Escribo esto básicamente porque les debo una.

No estoy tratando de justificar nada, quiero que veamos *the big picture*, es decir, la imagen completa de este desastre pues creo que solo así podremos comprender desde dónde nos inyectan el veneno y al menos buscar los antídotos.

LO SEXOAFECTIVO

«Si me das a elegir entre tú y mis ideas,
que yo sin ellas soy un hombre perdido,
ay, amor, me quedo contigo.»

LOS CHUNGUITOS

ABRO LOS OJOS y el azul brillante de la habitación me ciega y me extasía. Huele a algas y a mojarra frita, oigo las olas del océano y las palmeras meciéndose. Tengo a una hermosa mujer a cada lado, con sus cabezas reposando en mis hombros. Duermen. Acaricio sus espaldas suaves. Pienso en los orgasmos de la noche anterior, mi mente vuela. Las amo, a las dos.

Esto podría parecer un relato (de esos que tanto abundan) de idílico y perfecto poliamor. No lo es. Antes de llegar a este edén he pasado sola y acompañada por algunos infiernos. El infierno es algo que uno solo puede detectar mirando a su alrededor o cuando nos abrasa las entrañas y por supuesto es una cosa subjetiva: lo que para unxs es una relación perfecta para otrxs es un tormento y viceversa.

Para mí sería del todo inviable estar metida en lo que mi cultura considera una familia modélica (yo, casada con un hombre o una mujer y con una prole generada por ambxs), ni siquiera he sido jamás capaz de desear exclusivamente a la persona a la que amo (¿alguien realmente lo es?). Esto es así, entre otras cosas, porque desde siempre he tenido la "pésima" costumbre de prestarle mucha atención a lo que me rodea, de analizarlo todo, y siento que cualquiera que haga esto y que cuente con los mismos privilegios de los que yo dispongo jamás elegiría esa "normalidad" sexoafectiva: ¡es un espanto!

Imagino por otro lado a una mujer inserta y "conforme" en esa normatividad que de pronto despertase una mañana depositada en mi vida: no habría para ella representación más fiel del averno descrito por Dante en su segundo círculo.

En este capítulo quiero compartir mis experiencias e ideas sobre algo tan importante para nuestra salud mental, física y emocional como lo es el amor y el sexo, con la esperanza de que del mismo modo que a mí me sirvieron todos los fracasos y tropiezos para poder desear y amar de otra manera y así desarrollar estrategias de crecimiento y sanación, éstas puedan ser útiles a lxs demás. Estoy en realidad compartiendo saber sobre antídotos que a mí y a otrxs les han funcionado. Lo hago porque considero esencial que las personas que estamos involucradas en algún tipo de lucha antisistema, sobretodo en el feminismo, seamos felices, pues como dicen por ahí "la alegría es nuestra venganza", y a mí personalmente no hay nada que me ponga más feliz que el buen sexo y que me amen, amar. Es a través de ello como he generado las más fuertes y poderosas alianzas de mi vida y también es lo que me da fuerza para continuar luchando. Recuerdo momentos terribles de mi existencia en los que sin duda si no hubiera sido por los buenos orgasmos y por el amor, no habrían sido superados, y yo no estaría acá escribiendo esto ahora. El sexo y el afecto me salvaron de muchas cosas malas, ya lo dije en mi primer libro *Pornoterrorismo*,[96] y lo sigo diciendo porque aún me salvan cada día.

La fortaleza e intensidad de los vínculos que podemos generar de modo sexoafectivo no se comparan con los que generamos en ningún otro tipo de relación. ¡Ojo! Esto que digo es muy amplio y soy totalmente consciente de que hay miles de millones de maneras de amar y de vincularse sexualmente con alguien, algunas incluso no implican en absoluto sexo genital.

Una buena pista de lo poderoso que es estar bien acompañadxs en horizontal y vertical se desprende del hecho de que en ninguna otra área de nuestra existencia podemos ver más claramente cómo el enemigo nos habita. No es fortuito que sea en esta poderosa forma de comunicación donde estamos más jodidxs y lo peor de todo es que para conseguir alcanzar un punto de bienestar emocional, para expulsar a esos demonios, el proceso es jodidamente largo y doloroso en casi todos los casos, cuando no totalmente ineficiente pues no únicamente depende de nosotrxs sino también de los procesos de las personas con las que estamos, es decir, tiene que ser un trabajo colectivo para que pueda tener una injerencia significativa en la realidad.

También siento que hay que tener mucha suerte y muy buen olfato para conseguir rodearnos de un círculo sexoafectivo positivo, saludable y empoderante. Y ciertos privilegios. La disidencia es de por sí un privilegio ¿no? En esto no está la excepción.

Nos contaron eso de que "amar duele", pero no debería. Aunque ya que nos han enseñado a hacerlo así podríamos sacarle provecho, tratar de aprender algo de la mejor manera a la que estamos acostumbradxs: a palos. Obviamente aprender del dolor es algo que funcionará siempre y cuando nos hayamos dejado de creer ese cuento

---

96. Pueden leer *Pornoterrorismo* en su versión digital gratuita en el siguiente link (o comprarlo en cualquier librería). *https://archive.org/details/PornoterrorismoEPUB*

idiota de que el dolor es imprescindible para amar y ser amadxs; de otro modo estaremos condenadxs a repetir una y otra vez los mismos patrones de fracaso y pena. Suena duro, pero la verdad es que a través de los insufribles dolores que me ha acarreado en el pasado una forma errada amar es como me planteé muy seriamente cambiarla, trabajar en su transformación, replantear lo que significa lo sexoafectivo desde sus mismos cimientos. Muy posiblemente si esas "algias" relacionadas con el amor y el deseo no hubiesen marcado tan profundamente mi ser, nunca me hubiera atrevido a cuestionarlo. Aún así tengo la sensación de que tuve que pasar por los mismos dolores y reabrir las heridas una y otra vez para reaccionar de una vez por todas. Pensemos que el veneno de las relaciones monógamas, ideales, medianaranjistas y románticas lo tenemos asumido como propio, ni siquiera se nos enseña que exista otro modo de hacer las cosas: lo tenemos que crear sobre la marcha. Esto es lo que más dificulta salir de las dinámicas sexoamorosas tóxicas e hirientes: hacerlo mal se trata de una cuestión endémica de la sociedad, no podemos escaparnos de lo que ya nos sucedió, de lo que ya nos hicieron creer como "lo adecuado". Aprender de esos descalabros y tener la firme voluntad de no sufrirlos desde el reconocimiento de las cicatrices que dejaron en nosotrxs es esencial para emprender la aventura de relacionarnos sexoafectivamente de otras maneras.

A veces pienso que también nos han condicionado para que nos guste sufrir, para que nos ponga… Bueno, no hay más que prestarle un poco de atención a las canciones de nuestra cultura (y lo que nos mueven por dentro cuando las escuchamos) para darnos cuenta de que el patetismo amoroso es casi como una seña de calidad de los sentimientos que tenemos hacia otra persona. "Pare de sufrir" podría ser un buen mantra a repetirnos cada día si es que realmente estamos interesadxs en ello. Y deberíamos estarlo, desde luego, si de un modo u otro dedicamos nuestras vidas a algún tipo de activismo antisistema.

Químicamente hablando sufrir por amor es toda una perversión: amar y desear se parecen mucho y están ahí como dispositivos de placer y creación de redes. Si el amor y el deseo estuvieran en nuestra cadenita de ADN para hacernos sentir dolor, ya nos habríamos extinguido hace milenios. Es únicamente desde hace apenas unos siglos que ambas cuestiones se han visto instrumentalizadas por el poder como herramienta de dominación: permiten que seamos felices en una especie de simulacro de la felicidad pues la verdadera tiene la capacidad de destruir esa dominación.

Nos han sustituido uno de los sentires más agradables que todx mamífero tiene por una colección de basuras que si bien no nos otorgan bienestar al menos nos mantienen entretenidxs, es decir, imbecilizadxs.

Uno de los mejores trucos para sanarnos de las patologías de lo sexoafectivo es pensar que por ejemplo, celando a la persona amada, en realidad le estamos haciendo un favor a ese sistema que queremos destruir, y que se trata de una muy eficiente colaboración con el mismo pues celar no significa otra cosa más que encarcelar. Y acá no se trata de ser coherentes sino consecuentes: si sientes celos y eres feminista deberías poder acceder a las herramientas para dejar de sentirlos.

Por supuesto, pensar que cada vez que un sentimiento así nos acecha estamos haciendo exactamente lo que se esperaba de nosotrxs, es una buena forma de empezar a combatirlo. Porque ¿queremos ser quienes querían que fuéramos? ¿Lo somos? Posiblemente muchas personas sí quieran, de otro modo esta mierda ya se habría terminado hace rato, pero a ustedes que tienen este libro entre las manos, les presupongo (quizás erradamente, espero que no) otras y más amplias perspectivas.

Quiero decir, no está "mal" sentir celos, estoy segura de que muchas buenas personas los sienten o los han sentido en algún momento pues todxs estamos condicionadxs y predispuestxs a hacerlo. Creo que incluso más bien puede resultar positivo pues a través de esos sentimientos es como se manifiesta el dolor que nos puede hacer desear cambiar nuestra forma de sentir. Yo no tengo puta idea de cómo se sienten los celos, pero desgraciadamente he sufrido mucho que otras personas, gentes amadas, trataran de encerrarme ahí, en esa jaula.

No nomás los celos sino todo aquello que nos causa dolor en nuestras relaciones sexoafectivas es justo esa parte de enemigo que tenemos injertada en nuestra identidad. Dicen que la enfermedad solo se puede detectar (y por tanto empezar a sanar) cuando se manifiestan los síntomas. Pues bien, ahí los tienen: los celos, la necesidad de estar constantemente con alguien, la idea de no sentirnos completxs cuando estamos solxs y toda esa bazofia, son los síntomas que nos dicen que estamos enfermxs y que, por tanto, tenemos que hacer algo para remediarlo.

Y si no queremos sanarnos es o bien porque nos encanta ese tipo de sufrimiento, esa forma no consensual (y por tanto violenta) de sadomasoquismo emocional, o bien porque los beneficios y privilegios de amar y desear como se suponía que lo hiciéramos y como nos enseñaron a hacerlo nos resultan imprescindibles en nuestras vidas.

Justamente hablando de todo esto un día una amiga me decía "nadie sufre porque quiere". Y yo dije "¿perdón? Obvio que sí, especialmente nosotrxs lxs pseudo amxs del mundo, blancxs, europexs, clase media/obrera, precarixs pero no pobres, enfermxs pero no irremediables; nosotrxs que disponemos de toda la información habida y por haber para replantear nuestras identidades, sanar nuestras heridas, nosotrxs que tenemos alrededor el inmenso privilegio de poder elegir". Bueno, no le dije exactamente eso, y la discusión duró por toda la noche, pero en la base es así: sufrimos porque queremos, porque lo hemos podido elegir. Si quieren piensen en eso cada vez que anden sufriendo, cada vez que estén deseando morirse porque algo con sus relaciones sexoafectivas no salió como querían.

Tampoco es que yo quiera demonizar el sufrimiento ¡ojo! Creo de hecho que es profundamente necesario para nuestro crecimiento como disidentes. He sufrido mucho, por las rupturas amorosas y también por la muerte de personas amadas (eso sí que no tiene arreglo), por la incertidumbre de si lo que yo imagino del futuro tendrá algo en común con la gente con la que quiero compartirlo/construirlo, por las esperas, por las ausencias, por las distancias, por las decepciones, por las mentiras. Todo eso me ha hecho padecer inconmensurablemente y por seguro seguirá haciéndolo porque aún tengo mucho que aprender. Me caga también eso de que sufrir por amor es de débiles mentales o de personas poco revolucionarias. Eso es algo que me ha tocado oír y leer en algunos escritos de poliamor... Lo cierto es que siempre me resulta hipócrita quien no es capaz de reconocer que para llegar a un momento de bienestar sexoafectivo es necesario pasar por pequeños, medianos y grandes tormentos. Desconfiad siempre de quien os diga que amar es fácil y que leyendo un par de libros de poliamor podréis con toda esta mierda acumulada durante milenios, generaciones, con nuestras pesadillas epigenéticas. Posiblemente miente.

Pensemos que el patriarcado no vinieron a imponérnoslo los alienígenas, es profundamente humano ser así. ¿Queremos cambiar las cosas? Ok, usemos lo que nos convenga, desechemos lo que no nos permite avanzar ni modificar la realidad pues también es profundamente humano poner la imaginación al servicio de estar y ser mejores. Desde luego pasársela sufriendo por amor es de esas cosas que deberíamos desechar, como individuas y como comunidades pues entorpece nuestras vidas y las de todas aquellas personas que nos rodean y a las que nuestro dolor sin duda les afecta.

Otra de las cosas que me enciende la lucecita de alarma de los discursos poliamorosos es su rechazo a lo que llaman "amor romántico", y no me chirría como idea en sí sino por la forma irresponsable en que se plantea pues de algún modo siento que niega algo que irremediablemente nos habita pero que, como todo, ha sido manipulado y distorsionado por el sistema. Del mismo modo que las personas disidentes hemos tenido (y seguimos teniendo) durante mucho tiempo la tendencia a rechazar cualquier forma de espiritualidad/religiosidad en nuestras vidas (pues lo que consideramos enemigo ha monopolizado el culto a lo divino), corremos el serio peligro de que un proceso de demonización de lo romántico elimine por completo de nuestras vidas cualquier tipo de exaltación amorosa. Yo soy una persona muy romántica y ello forma parte de mi idea de que tenemos que recuperar lo que nos robaron con sus monopolios de todo. Regalo flores, digo "te amo", "estoy enamorada", "quiero vivir mi vida a tu lado", me gusta celebrar aniversarios, me emociono tanto con las despedidas como con los reencuentros, y me encanta cantar a voz en grito las canciones que hablan de amor. Objetivamente

¿qué tiene eso de malo? ¿Por qué tenemos que renunciar a rituales que existen desde mucho antes de que este cagadero de sociedad lo volviera todo dispositivos de control y formas de ejercer poder?

Es un error, creo, y en gran parte también una traición a nosotrxs mismxs, renunciar a lo que queremos sentir, mostrar, transmitir, solo porque se le parezca a aquello que criticamos aunque la base (el motivo por el que lo hacemos/sentimos) sea radicalmente distinto o porque priorizamos ser políticamente correctxs dentro de nuestras disidencias antes que ser verdaderamente felices y honestxs. Para mí la solución no parte por renunciar a cualquier tipo de romanticismo sino más bien de aprender a detectar cuándo nuestro romanticismo nos está jodiendo y cuándo no, y es relativamente sencillo: cuando duele, cuando nuestros cuerpos nos dicen que algo no va bien, cuando nos estresa, cuando nos impide hacer las cosas que nos gustan hacer, no es amor, es otra cosa. Un ejemplo: regalar unas flores a la persona que amamos no tiene nada de negativo en sí, pero los motivos por los que lo hacemos pueden tenerlo si se tratara de disculparnos por algo que hemos hecho mal porque no somos capaces de hacerlo con palabras y diálogo, si lo hacemos porque queremos que la otra persona haga algo por nosotrxs pero no tenemos el valor de pedírselo explícitamente, etc. Muchos de los gestos considerados pertenecientes al amor romántico son positivos, empoderantes y hermosos y son las distorsiones implantadas en sus significados lo que los ha transformado en una horrible forma de control y en una maquinaria generadora de sufrimiento y miseria.

Y como con todo, desde mi punto de vista, arreglarlo, rescatarlo para nuestras vidas, no pasa por su negación sino por su reconstrucción y resignificación. No propongo eliminar lo que llamamos romanticismo de nuestras vidas sino que lo usemos como herramienta introspectiva y como arma.

En toda esta cuestión de lo sexoafectivo hay un manejo pésimo de la información. El hecho de que exista alguien controlándose a la hora de dar muestras de afecto consideradas *mainstream* a alguien a quien ama solo por el miedo a ser catalogadx de tradicional o romántica es claro síntoma de esa forma impositiva y prejuiciosa que tenemos de denunciar ciertas prácticas aparentemente convencionales. "No me regales flores, no me invites nunca a nada, no me abras las puertas, no me digas mi vida, mi cielo, mi tesoro". ¿¡Qué nos pasa!? Considero que es esencial que trabajemos en dispositivos que nos ayuden a distinguir la frontera entre estar reproduciendo conductas normativas y estar rescatando conductas hermosas de las garras de la normatividad.

Podemos empezar a construir esos dispositivos mentales pensando por ejemplo en qué cosas del romanticismo impuesto fomentan ideas que dañan o limitan nuestra libertad y darles la vuelta. Por fortuna son bastante claras las señales de que algo perteneciente a lo amoroso está coartando nuestra libertad pues la forma en que el sistema nos enseñó a amar se parece bastante a él: adoración por la propiedad y lo privativo/exclusivo, desigualdad y jerarquización entre las dos o más partes de la relación, uso enfermo del poder, ansía constante de control, y empleo de la violencia en todos sus grados y versiones para poder conseguir todo lo anterior. Chequen de qué modo sus romanticismos y sus formas de relacionarse amorosamente están replicando todo ello y hagan lo posible por eliminarlo, voltearlo y transformarlo.

Cuando necesitamos ayuda

Pedir ayuda a veces está bien y es necesario pero tenemos la impresión de que ir a un/una terapeuta es alguna forma de reconocer que estamos locxs, que somos frágiles, que no podemos hacerlo solxs. ¿Y? ¿Qué tiene de negativo reconocer la propia debilidad, las propias heridas? ¿O incluso verdaderamente tener algún tipo de divergencia mental? Para mí es evidente que estamos todxs enfermxs y si tenemos la oportunidad de que alguien sabio nos ayude a sanar ¿por qué no usarla?

La figura del/de la terapeuta parece que ha quedado relegada a un plano secundario o que ese rol lo vienen ejerciendo en nuestras vidas las personas que tenemos alrededor, sin haberlo elegido. El "yo no necesito terapia, tengo a mis amigxs" es una frase que he tenido que escuchar mucho, de personas bien enfermitas. Pero en realidad es casi como decir "yo no necesito restaurantes, tengo a mi mamá que me cocina". De hecho, toda esta cuestión de los cuidados no pactados que se asumen casi por defecto es una de las cosas que más daña las relaciones (sobre todo las sexoafectivas) y es algo que finalmente me ha quedado claro después de muchos batacazos. Cuando mi mejor amiga se aventó por la ventana de mi cuarto, mi novia me hizo de enfermera. Error. Teníamos que haber buscado ayuda externa del mismo modo que si me rompo una pierna no me la sana quien quiera que tenga en ese momento al lado, sino quien sabe sanarla y está preparadx y dispuestx para ello.

Entender las heridas emocionales como si fueran físicas (de hecho lo son, es estúpido pensar que las emociones no están ligadas al cuerpo, que no tienen representación fisiológica dentro de nosotrxs) es crucial para darnos cuenta de cuándo requerimos ayuda y también para aprender a demandarla sin sentirnos mal o cobardes por ello.

Nos cuesta muchísimo reconocernos enfermxs cuando no se trata de algo físico y eso es parte de la manipulación a la que nos exponemos diario: manifestar nuestra necesidad de ayuda de forma explícita es un signo de debilidad o de fracaso pero a mí no se me hace gesto más valiente y poderoso que el de quien se reconoce vulnerable y emprende acciones efectivas para su autoprotección y su salud.

Yo pienso que cada cuál estamos en este mundo por y para algo, creo en las capacidades innatas y en eso llamado virtud que no es más que un poder específico o varios que las personas traemos adentro con la posibilidad de ser desarrollado y cultivado para que nuestro cometido en este plano existencial tenga éxito. Hay gente que tiene una capacidad especial para entender de qué modo la arquitectura de nuestro pensar y sentir nos está haciendo daño o no nos está funcionando y que puede entregarnos algunas estrategias para cambiarla, y definitivamente puede hacernos mucho bien tener a una o varias de estas personas que hayan trabajado en esa capacidad alrededor nuestro, de hecho se me hace imprescindible. Y no estoy hablando ni de psicólogxs o psiquiátrxs tituladxs y formados exclusivamente en los templos de la mentira y la manipulación médicas. Me refiero a aliadxs cuya función específica en nuestras comunidades sea esa: ayudarnos cuando lo estamos pasando mal por heridas emocionales. Tampoco niego que sea importante que nuestrxs amigxs nos escuchen y nos aconsejen, en eso está basada la amistad también, en el apoyo mutuo cuando es necesario, pero convertirlxs en nuestrxs terapeutas, sobre todo si no es esa su capacidad potenciada, es contraproducente y puede herir más de lo que arregla. Se trata básicamente de evitar el desgaste de las personas cercanas en una labor que quizás no sepan o no puedan hacer pero que hacen igualmente porque al relacionarnos en comunidad nos sentimos de alguna forma responsables del bienestar de lxs demás, a veces aunque implique hacernos mierda en el proceso. Del mismo modo que no podemos ayudar a una amiga con un problema eléctrico en su casa si no tenemos puta idea de electricidad, no deberíamos implicarnos más de la cuenta en la salud mental de quienes queremos si hacerlo no está dentro de nuestras capacidades, es arriesgado, para la persona y para nosotrxs.

Y ya sé que esto implica a veces un gasto económico pero si somos capaces de juntar dinero y organizarnos, por ejemplo, para sacar a compas de la carcel ¿por qué no podemos hacerlo para sacarlxs de las cárceles de su sufrimiento emocional si está en nuestras manos? O si estas personas capacitadas para sanarnos pertenecen a nuestro círculo de afinidades feministas ¿por qué no íbamos a poder relacionarnos con ellas mediante intercambios como lo hacemos en muchas otras ocasiones? Lxs terapeutas también tienen estómagos que necesitan ser llenados, también viven en casas que pueden necesitar reparaciones, etc.

Como digo desde el principio de este capítulo, en las cuestiones sexoafectivas estamos bien cagadxs, creo que es en lo que más ayuda necesitamos para que todo lo que queremos hacer con nuestras resistencias políticas (incluida nuestra felicidad) salga como lo hemos imaginado. Pedir ayuda cuando estamos pasándolo tan mal que no servimos para nada más que para sufrir y hacer sufrir a quienes nos quieren se me hace un acto necesario e imprescindible.

Sobre la exclusividad y el poliamor

Las relaciones de exclusividad no son en sí negativas, todo el tiempo las construimos: con nuestra mamá tenemos una, con nuestro padre otra, con nuestrxs vecinxs otra, con el panadero otra y así. La exclusividad se convierte en algo estratégico que aplicamos a nuestra interacción con otrxs para, en teoría, hacerla más precisa, más concreta. El problema es que en general no se contempla la multiplicidad y la simultaneidad de estas relaciones. Podemos tener diferentes tipos de exclusividades compatibles entre sí. Por ejemplo: podemos amar profundamente a personas de nuestra familia sanguínea del mismo modo que a personas de nuestra familia elegida. Son relaciones de exclusividad múltiples. Exclusividad no significa una sola persona sino una sola cosa y me temo que eso es un poco lo que nos ha forzado a malinterpretar esta asquerosa sociedad, para (entre otras cosas) limitar nuestra capacidad de alianza.

En el caso de lo sexoafectivo, solo hay que detectar muy bien de dónde provienen los deseos de exclusividad: inseguridades o pactos consensuados, miedos o estrategias de eficacia, deseos de control o hacer más efectiva la relación. No es fácil, la verdad, pero tampoco imposible y creo que en muchas ocasiones no nos sentamos a hablar de estas cosas con quienes amamos porque damos por sentado que sintiéndonos tan bien juntxs nada podrá salir mal, nuestra confianza boba y hippista de que el amor puede con todo *per sé* nos lleva a ese tipo de trampas. Y no es que algo pueda salir mal o no, es que las relaciones sexoafectivas, al igual que todo lo demás que hacemos en la vida, necesitan ser pensadas y trabajadas en común. Muchas veces no sabemos por qué hacemos las cosas, por qué sentimos de un modo u otro. Yo no tengo la fórmula mágica pero tengo mi experiencia y eso es lo único que puedo daros, con la esperanza de que sirva para que seamos más libres, una manada alada de guerrerxs sonrientes, satisfechxs, bienamadxs y bienfolladxs.

Quizás en lo que más cuesta gestionar esto es en lo relativo al sexo. La dependencia del cuerpo de la persona amada es quizás la patología más extendida en las relaciones. El deseo tiene mucho poder, de destruir y de crear, y puede llegar a ser inmenso, para bien o para mal. Yo no sé cómo lo verán ustedes pero a mí se me hace bastante cruel que una sola persona tenga que ser el único foco y fuente de mi deseo, ¡eso es atroz, es demasiado! E implica el mismo nivel de crueldad que pretender que nosotrxs seamos la única persona a la que la otra persona desea. Conduce a muchas frustraciones, decepciones y mentiras. ¿Cómo evitarlo? Pactos, pactos y más pactos. Hechos desde el cariño y no desde el miedo, elaborados desde la imaginación y no desde nuestras inseguridades.

Si alguien a quien amamos y deseamos mucho nos propone una relación de esas que llaman abiertas, pensemos muy bien lo que ello implica, hablemos mucho, preguntemos toda duda, propongamos métodos para no hacernos daño y sobre todo, no aceptemos esa propuesta si sabemos que no estamos preparadxs todavía para algo así, aún con el dolor que implique separarnos o reestructurar una relación con alguien que nos gusta mucho. En todo caso siempre dolerá menos que el autoengaño, perderemos menos tiempo. Las consecuencias de aceptar algo que no podemos o no queremos llevar a cabo exclusivamente para mantenernos al lado de quien deseamos o amamos son muy graves, destruyen muchas cosas dentro y fuera de nosotrxs.

Y si queremos una exclusividad sexual (monogamia) temporal porque estamos tan tan tan felices de estar al lado de esa persona y el sexo es tan tan tan maravilloso que nos da pereza buscar a alguien más, que sea siempre algo bien hablado, bien pactado y de ningún modo irrevocable o irreversible como condicionante para que la relación exista. No se me hace tampoco correcto rechazar la monogamia de plano porque sea un instrumento más de control y dominación del sistema. Podemos elegirla (lo cuál ya la transforma en algo bien distinto de lo que pretenden imponernos) y practicarla, lo criticable y triste es que sea nuestra única perspectiva desde la que entender nuestro vínculo sexoafectivo con alguien.

Algunas fallas del poliamor

Me parece detestable que algunas personas promuevan el poliamor como si fuera la panacea de la liberación. No, queridxs, gestionarlo de esa manera es una insensatez que está provocando mucho sufrimiento a personas bien válidas para la lucha, tan válidas como ustedes, que se fuerzan a hacer cosas que no pueden o no quieren hacer solo para quedarles bien a quienes instrumentalizan estas bellas ideas para convertirlas en modos deshonestos de ganarse el *pedigrí*, el respeto, el poder.

No se trata de una propuesta infalible pues el daño que nos han hecho las concepciones sobre el amor y el sexo impuestas por nuestras culturas y religiones es a veces irreparable o muy difícil de gestionar y sanar. Desde algunos discursos poliamorosos a menudo se da a entender que llevarlos a la práctica es un requisito indispensable para que alguien sea un o una verdaderx revolucionarix. Y pues aunque creo que trabajar en ello es muy importante (porque ¿qué carajos vamos a liberar si no nos aplicamos primero con nosotrxs mismxs?) siento que se deberían respetar más los procesos de cada cuál en esas transformaciones del sentir y el desear, hacer más acompañamiento a quienes les esté costando más, y sobre todo no demonizar a lxs que la caguen en el trayecto. A veces es casi como decirle a una persona ciega que si no ve no sirve para nada, estamos haciendo eso mismo con quienes no están capacitadxs para aplicar en sus vidas y relaciones la hermosa idea del poliamor.

Colectivizar los conflictos

Ya es casi una constante que en comunidades feministas se den situaciones "internas" relacionadas con lo sexoafectivo que desembocan en tener que expulsar gente o hacer juicios públicos que a veces parecen más bien quemas de brujas. Me pregunto ¿por qué permitimos que se llegue a ese punto de no retorno? Una de las respuestas es que consideramos que lo que sucede en nuestras alcobas y corazones pertenece a lo privado y eso lo separamos de nuestros activismos. Craso error, sinceramente. No hay barrera entre eso llamado "interno" y lo que manejamos como público, y una clara prueba de ello es que absolutamente todo lo que nos pase en nuestras vidas nos afectará y afectará a nuestras comunidades de un modo u otro pues se trata de algo orgánico e interrelacionado que no entiende de estupideces tales como público/privado.

Decimos "son sus cosas" cuando detectamos que una relación entre compas manifiesta ligeros rasgos de violencia o de insalubridad y luego nos llevamos las manos a la cabeza cuando algo grave sucede: "¡¿Cómo puede ser!? ¡¿Una feminista golpeando, celando, haciendo la vida imposible a otra, a su pareja!?". Pues puede ser, entre otras cosas, porque absolutamente todo su circulo afectivo ha estado haciendo la vista gorda y mirando para otro lado porque pues es cosa suya... No nos lanzamos a hacerlo público y a colectivizar el problema, nos esperamos hasta que eso explota para tomar medidas y generalmente esas medidas a tomar, por lo avanzado del asunto, son radicales y destructivas y tienen el poder de acabar con la existencia de colectivos completos. No esperemos, destruyamos esa frontera repugnante de lo íntimo y lo colectivo, venzamos el miedo y la vergüenza a reconocernos lastimadxs y vulnerables (o agresorxs y violentxs) hagámoslo al menos con la frontera que tenemos más a mano que es la que establecemos con nuestra comunidad de lucha pues sin duda forma parte de ella aprender a vencer colectivamente a esos demonios que nos acechan desde dentro.

CONVIVENCIA Y PROYECTOS

Creo que Virginia Wolf se quedó corta: no necesitamos un cuarto propio sino una vida propia.

Solo en una comunidad amplia de seres afines sería posible que dos o más personas enamoradas o con relaciones de deseo entre sí estuvieran y se mantuvieran sanas y cabales bajo un mismo techo. Hay que emplear demasiado tiempo y esfuerzo para que convivir cada día y en el mismo espacio de exclusividad con quien amamos y deseamos no se transforme en algo enfermo, aburrido, deprimente, monótono o peligroso para nuestro desarrollo personal.

Esto es muy simple: no estamos hechxs para la propuesta que el sistema lleva siglos imponiendo. El matrimonio y el hogar nuclear no estaban pensados para el bienestar de la gente sino para cuestiones de productividad económica y reproductiva y de mero control social. No sé en qué momento se vinculó el amor y el placer sexual con el matrimonio, en todo caso eso es una gran falacia, no funciona, debemos olvidarlo por todos los medios. Y cuando digo matrimonio me refiero a las uniones de dos en las que se da por sentado que lo mejor es la monogamia y la convivencia cerrada; no hace falta estar legalmente casadxs para estar reproduciendo y perpetuando esas estructuras de dominación y control, también puede suceder tras esa puerta de la que colgamos una bonita "A" de anarquía o el símbolo feminista.

Es totalmente sano querer pasar tiempo al lado de quien(es) amamos y deseamos. Lo que no es tan saludable es querer que esa(s) persona(s) sea(n) la(s) que obtenga(n) el 100% de nuestros días o que eso sea lo que se nos demande a nosotrxs. No es bueno para nadie y hay algunas señales que podemos detectar a tiempo antes de estar sumergidxs hasta el cuello en una relación pantanosa, asfixiante o intoxicante y, al igual que con lo de los celos, identificarlas es medianamente simple pues ese tipo de relaciones se parecerán a nuestro enemigo.

Para que la vida en común y la vida propia no se transformen en una misma cosa (lo cuál conlleva a una interdependencia irrevocable y a diversas exclusividades tóxicas) sí necesitamos fronteras, delimitaciones, porque no son lo mismo ni lo deberían ser. Cuando nos embarcamos en una relación sexoafectiva con alguien es del todo común que nos den ganas de hacer muchas cosas con esa persona y eso es genial: las alianzas a través del poder del amor y del deseo tienen un potencial muy grande de crear y construir cosas necesarias y bellas de forma conjunta. Esto no implica ni debería implicar dejar de hacer lo que ya estábamos haciendo antes de conocer a esa persona, abandonar nuestros proyectos personales o no prestarles la atención necesaria para mantenerlos vivos. A veces parece que las individualidades dejaran de ser ellas mismas para poder ser ese "estar juntxs" y toda esa idea de volverse "uno" con la persona amada (que no es más que una basura inmensa) y fusionarse juntxs en un solo ser fomenta esto sobre todo en situaciones de convivencia exclusiva, constante y prolongada. Y yo pienso: ¡Pero qué fusión ni qué mierdas!, lo que está pasando es que estás dejando de ser tú, que ese ser al que dices amar y cuidar está mutando en un imposible, en algo que no se sostiene, en algo que le mutila las alas, y tú lo estás haciendo a su lado y le estás llamando a eso amor. Así, dos personas (o más) que eran increíbles y que tenían un potencial creativo y político impresionante se transforman en un monstruo tullido emocional que no sirve para mucho y si lo hace es sacrificando algo tan valioso como la propia identidad. El mayor inconveniente con esto es que se siente rico, es delicioso saberse unida de ese modo a una persona o a varias (en general somos capaces de hacerlo solo con una debido a las intensidades derivadas del proceso) y de hecho es una necesidad muy humana sentirse parte de algo más que nosotrxs mismxs. Así que, de nuevo, no es lo que hacemos sino el modo en que lo hacemos (porque es el que nos han vendido como único posible) lo que puede convertir algo en un peligro o en una bendición. Y lo cierto es que esto también lo estamos llevando a cabo de forma enferma y desempoderante en muchas ocasiones y cuando nos damos cuenta de ello o cuando nos preguntamos qué es lo que está fallando nos resulta indetectable porque ya ni siquiera nos podemos imaginar como sería tener una vida propia.

Todos los síntomas que describí para ver cuándo nuestras relaciones nos están lastimando se pueden aplicar para detectar convivencias nocivas. Casi todas las personas necesitamos la convivencia pero debemos cuidar de no dejar de sentirnos parte de nosotrxs mismxs en ese proyecto de vida junto a otrxs. Cosas como pasar tiempo a solas, tener un espacio físico que sea como nuestra guarida de todo, generar alianzas y crear proyectos también con otras personas que no sean nuestrx compañerx sexoafectivx, etc., podrían ser estrategias para evitar estos desastres.

Eso es lo que quería decir sobre esto. Amemos honestamente, cojamos honestamente, usemos estas maravillosas sensaciones para construir, no para destruirnos y destruir a lxs demás. Os aseguro que conseguir hacerlo de un modo diferente al aprendido da mucha satisfacción porque es una de las victorias más importantes contra ese enemigo interior que todxs traemos.

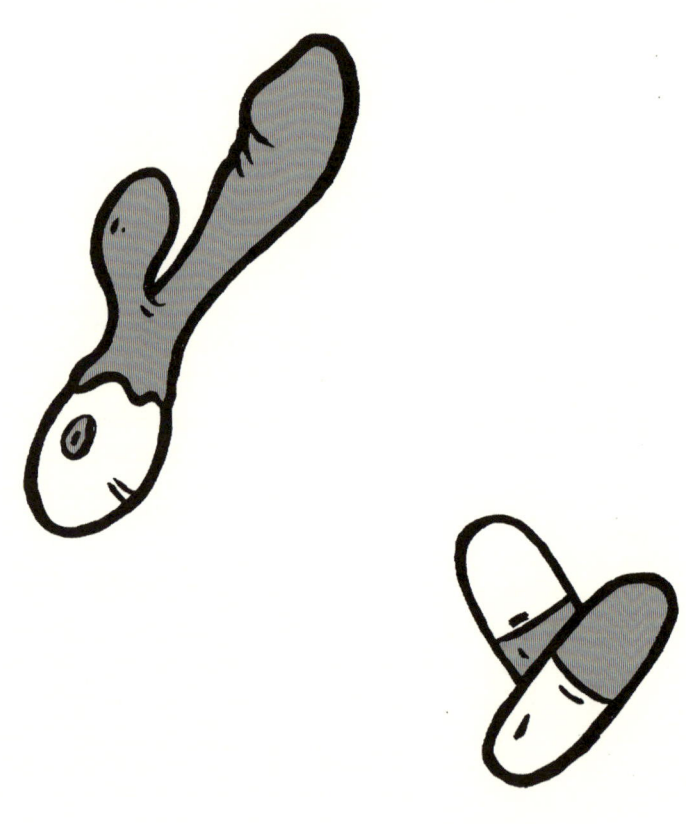

ESPIRITUALIDAD

«Ni amo, ni Dios,
ni partido, ni marido».

CONSIGNA ANARCOFEMINISTA

N uestra cultura[97] está regida por una espiritualidad (catolicismo) desconectada de las cosas esenciales, lo que nos lleva a algo muy perjudicial: el único camino de acceso a la divinidad pasa por un intermediario humano que en el común de los casos no es elegido por su fuerte conexión con lo divino sino por su conexión con el estudio de unos textos en los que de ni de coña habita ningún dios que nos haga bien (y mucho menos diosa); y eso con suerte pues en la gran mayoría de casos no son más que meros patanes follaniños, llenos de frustración, odio a lo positivo y amor al dinero. No me cabe duda de que este manejo de lo divino mediante intermediarios no fue accidental, fue a propósito. Ese crimen (que también cometieron otras religiones monoteístas como el islam o el judaísmo aunque de modo diverso) desproveyó a lxs humanxs occidentales de la parte de dios[98] que somos, que tenemos adentro y que no requiere de nada ni nadie que no seamos nosotrxs para establecer comunicación. Básicamente nos cortaron la línea directa.

De la larga lista de cuestiones vitales que quienes ostentan el poder desde hace milenios nos han robado para sustituirlas por mierda, es posiblemente esto lo más

97. Hablo de la cultura occidental mediterránea que de algún modo es la única que puedo llamar "mía" pues es en la que me crié, aunque evidentemente esto es extendible de algún modo a todas las culturas que la nuestra colonizó y también es extrapolable en algunos grados a todas aquellas que sean monoteístas y patriarcales, la gran mayoría, por desgracia.

98. Cuando digo "dios" a ver si somos capaces de vencer un poco la idea monopólica generada sobre la(s) divinidad(es) por parte de la iglesia católica y pensar un poco más allá. Al decir "dios", "espíritu(s)", "divinidad" o "deidad" me estoy refiriendo a algo mucho más diverso y amplio que lo que solemos entender y espero que al final de este capítulo comprendan esto a la perfección. Aunque posiblemente fuera más práctico, no he querido inventarme ninguna palabra para nombrarlo porque no tiene ningún nombre y tiene todos los que queramos, así que cada cuál lo verbalice como quiera.

grave y costoso de recuperar porque desde los mismos movimientos de disidencia se rechaza toda espiritualidad con la justificación de estar rechazando a nuestros opresores. ¿Qué estamos haciendo en realidad? ¿Rechazar al dios del enemigo tiene necesariamente que implicar la negación de lxs nuestrxs propixs? Podemos apelar a lo razonable para negar la existencia de dios pero ¿no es acaso lo razonable también un juguete de ese mismo enemigo?

Cuando algunos "humanos racionales" (hombres blancos occidentales con poder) decidieron abandonar la religión por no tener base lógica ni modo de ser demostrada científicamente la sustituyeron por el culto al dinero; y algunos peor aún, combinaron hipócritamente ambos cultos. Si alguien se pregunta cómo es posible que hayamos llegado a este nivel de degradación como especie, ahí tienen la respuesta: nadie sobre esta tierra puede vivir separado de sus espíritus y seguir siendo parte de ella.

Me llama mucho la atención cuando se habla de reptilianos y despiadados seres de otro mundo que vinieron a destruirnos en documentales, charlas, libros y conspiranoias variadas. Desde mi visión, no se están refiriendo para nada a gente que venga de otro planeta, sino a los que siendo de acá se han enajenado (trasformado en algo ajeno). Y eso, esa "no pertenencia" es lo que les permite tanta maldad y crueldad desmedidas y lo que les otorga todo su poder de destrucción. Los reptilianos son una metáfora de esa pérdida de la divinidad pero, aunque quizás algo mutados (como nosotrxs), son igual de humanos que tú o que yo, de eso no tengan duda.

Todo este desmadre aumentó con el ateísmo. ¿Ateísmo? Bien mirado sería como decir que podemos vivir sin cabeza o sin vida. Es muy comprensible no querer comulgar con ese dios de lxs católicxs instrumentalizado al servicio del poder patriarcal y colonialista, impuesto por tanto tiempo para causar un daño inmenso a millones de vidas, de culturas, de civilizaciones enteras. De hecho, pertenecientes a esa religión son gran parte de nuestros peores contrincantes y con certeza merecen ser destruidos, eliminados de la faz de este planeta[99]. Pero de algún modo, enunciar que vivimos sin dios es perpetuar el monopolio católico pues con esa afirmación estamos diciendo que la única divinidad posible es la suya.

Es tan absurdo el "no creo en dios" o el "dios no existe"... Yo lo he dicho mucho pero después de pensar sobre ello llegué a la conclusión de que no es algo en lo que

---

99. Cuando digo "gran parte" lo hago porque me gustaría matizar dos cosas. La primera es que desde dentro de la iglesia católica hay algunas personas que se comportan como interferencias y cuyas actividades no solo no tienen nada que nos ponga en riesgo sino que son parte de la lucha antisistema (pienso en el Padre Solalinde o en Teresa Forcades, por ejemplo). La segunda es que para muchas buenas gentes, especialmente de los lugares no urbanos y sin el privilegio del acceso a la información que tenemos, el catolicismo es su única forma de conexión con la divinidad y usan esta religión para hacer cosas buenas, a veces de formas verdaderamente sincréticas, como por ejemplo lo hacía Maria Sabina y lo siguen haciendo la gran mayoría de chamanas que trabajan con hongos silocibes en la región de Huautla (Oaxaca, México) y posiblemente en infinidad de lugares más.

se crea o no, existe por defecto en todo lo que está vivo o tiene una presencia material o inmaterial en la existencia. Pueden llamarlo energía, átomos si desean o como les dé la gana, pero afirmar que lo único existente es lo que podemos tocar o ver es de un egocentrismo desmedido, como si el ser humano fuera el único y legítimo proveedor de existencia y todo lo que no esté al alcance de sus torpes sentidos se desapareciera por arte de magia. Por favor, dejemos de ser tan estúpidxs o al menos permitamos el beneficio de la duda a todo aquello que se le escapa a nuestra estupidez.

Yo, ciertamente, he sido muy escéptica, lo sigo siendo con muchas cosas, pero ya no me justifico porque mi cabeza de chorlito no pueda comprender o mis ojos no puedan ver. Y mucho menos que para que yo sepa y acredite la existencia de algo sea imprescindible usar esa racionalidad aprendida a fuerza de manipulaciones, mentiras y silencios. Lo racional, lo razonable, lo científicamente verificado, lo lógico nos han hecho mucho daño y van a seguir haciéndonoslo pues son parte de esas patrañas del patriarcado que hemos asumido como válidas, aún no sé muy bien para qué, la verdad. Digamos mejor "no creo en SU dios", considero que enojaría menos a las energías que están de nuestro lado.

Imaginemos por un momento que los espíritus que nos acompañan tienen conciencia y capacidad de decisión, que se trata de algo que nos habita y rodea desde que nacemos y que tiene funciones importantes para nuestras vidas. ¿Qué creen que decidirían hacer si todo el tiempo los negáramos a pesar de las señales constantes que nos dan de su existencia? ¿Abandonarnos? ¿Darnos por perdidxs? ¿Qué harían si alguien a quien quieren mucho porque es parte de ustedes no solo no les prestara atención jamás sino que además diera por hecho que no son reales?

Mi impresión es que estamos tan jodidxs porque en gran parte hemos sido abandonadxs por los espíritus, hemos sido dejadxs a nuestra suerte en nuestras revoluciones ateas, esas en las que se ha anulado a las divinidades toda posibilidad de cooperación. Me gustaría proponer otra cosa.

¿Quieren ponerle una cara bien definida al enemigo? Imaginen a alguien desprovisto por completo de la compañía de lo espiritual. Ahí lo tienen. Es muy triste. A veces se parece mucho a lo que vemos frente al espejo cada mañana.

Durante un viaje de ayahuaska en el que comprendí muchas cosas sobre mi existencia y mi cometido en esta vida vi algo relacionado con esto, me lo mostraron unos seres que no puedo describir, tampoco es necesario pues lo importante fueron sus mensajes. Estos espíritus tenían como una olla gigante, un caldero, y ahí dentro una mano removía y removía. Lo que atiné a ver de su contenido eran básicamente obispos y algunos señores trajeados (sí, soy una bruta básica). Hervían ahí, daban gritos, giraban, se sumergían, borboteaban en una especie de chapapote caliente. Los espíritus me dijeron: Son lo que tú llamas "los malos", pero estos no pudimos salvarlos, los perdimos. Te los mostramos para que sepas que hay personas que no tienen arreglo.

Creo que fue la parte más trágica de mi viaje, me destruyeron el "mafaldismo" en unos segundos. Yo pregunté que qué había que hacer con ellos, me dijeron que nada, que su destrucción no estaba en mis manos sino en su interior y que llegaría tarde o temprano sin mi intervención. Que aplicara mis energías en acompañar, ayudar y en generar alianzas con quienes están hechxs de lo mismo que yo.

¿De lo mismo que yo? Entendí entonces que siempre he sabido quienes eran mis hermanxs y que lo seguiré reconociendo rápidamente pues mi intuición es buena y está siempre alerta. Me dijeron que nosotrxs hemos sido dispuestxs en la vida con misiones diferentes en base a nuestras capacidades pero que todxs tenemos un mismo cometido: hacer del mundo un lugar mejor, pues para eso ellxs nos pusieron acá. Sé que esto puede sonar muy extraño viniendo de mí, muy *hippie*, muy como quieran, la verdad no me importa cómo suene, mientras suene.

El tema es que a mí ahora se me hace imprescindible que las personas con las que me involucro en esta lucha, esta vida, esta fiesta no hayan dejado por completo de lado su espiritualidad. Necesito que la reconozcan del modo que deseen, aunque sea no haciendo nada al respecto, pero reconocerla en sí, en lxs demás y en mí. Respetar eso me resulta una condición ineludible ya.

FORMAS DE RECONECTARNOS Y POR QUÉ CONSIDERO NECESARIO HACERLO

Por fortuna no estamos tan mal, no vamos tan desencaminadxs. Por ejemplo, es muy positivo el auge que la brujería está teniendo en algunos feminismos y también en algunas expresiones artísticas, es la señal de que de cierto modo algunxs nos estamos recuperando de expolio espiritual realizado a nuestras conciencias en los últimos milenios y que estamos empezando a ser consecuentes con esa recuperación, a sentir que restaurar nuestra conexión con lo místico es algo imprescindible para nuestra salud y la salud de nuestras luchas.

Me gusta que aunque la motivación para ver más allá de lo tangible no sea más que un odio acérrimo a las masacres causadas por el catolicismo, este resurgir de lo ritualístico nos conduzca a valorar y a tener en cuenta lo que hicieron nuestrxs ancestrxs con la espiritualidad (que de hecho fue justo eso lo que les costó la vida). Pensemos bien si realmente queremos vivir "sin dios" y al mismo tiempo exaltar como mártires a las brujas[100]. ¿Creen que ellas no tenían divinidades y todo tipo de espíritus a su alrededor a los que prestaban atención y con los que colaboraban y trabajaban?

---

100. Voy a generalizar en femenino cuando hable de brujas. Sé que personas de todo género ardieron en esas hogueras pero la gran mayoría fueron mujeres, personas feminizadas o con géneros subversivos. La Inquisición asesinó a muy pocos machos, de eso estoy segura.

Ellas no eran personas comunes siendo asesinadas por hervir plantas raras en un caldero y tener gatos negros. Esa es la imagen que nos han vendido el clero y Walt Disney. Eran seres de poder y su cometido en la sociedad era importantísimo: asistir partos, hacer y acompañar abortos, estudiar y divulgar todo el conocimiento que se tenía sobre plantas medicinales y enteógenas, aconsejar a las gentes sobre los dolores del alma (eran las terapeutas, vaya) y del cuerpo, organizar rituales para estar en paz con lo divino o para conectarse con otrxs humanxs, etc.

Si realmente cuando decimos "somos lxs hijxs de las brujas que no pudieron quemar" lo estamos diciendo de corazón, entonces no debería pasar ni un solo día de nuestras vidas en que no diéramos gracias y presentáramos nuestros respetos a estas ancestralidades, aunque fuera únicamente pensándolo, y también a todo con lo que ellas trabajaban, incluidos los espíritus del universo que conforma nuestra casa común.

¿Podemos ser feministas y ateas? Se me hace extraño, sinceramente, aunque los feminismos occidentales tienen cosas aún más bizarras que esa. Es posible que ustedes se consideren a sí mismas las brujas modernas pero, con el ateísmo y nulas prácticas espirituales, creo que se están yendo a la batalla sin algunas de nuestras más poderosas armas. Digo, y si somos brujas, comportémonos como tales o mejor no lo digamos ¿no?

¿Por qué creen que las procesiones de la Virgen del Coño levantan tantas ampollas?[101] Aunque nomás sea a modo de burla, el mensaje que transmiten este tipo de actos es que tenemos una cierta espiritualidad y que vamos a empezar a manifestarla, y la verdad es que no hay nada que más aterre a los católicos y a esa especie de Mordor con el que comulgan que el hecho de que ciertas divinidades (ellos solo aciertan a llamarlas "Satán") estén de nuestro lado. Les jode hasta la médula que usemos lo que consideran exclusivamente como propio (así han mantenido este monopolio del "creer") para venerar nuestras propias monstruosidades. La fe católica es muy frágil, es como un niño malcriado que se cree el amo del parque, el único con derecho a usar los juguetes; así cuando aparece otro niño a usar lo que consideraba "sus cosas", a pisar el cesped de "su parque", le da la tremenda rabieta. Y no es que les ofenda que tomemos "sus" cosas para transformarlas en otras que se les parecen y hagamos mofa, lo más ofensivo de eso es que hagamos algo que parezca (que sea) religioso pero no pertenezca a la única

---

101. *http://www.lavanguardia.com/vida/20160204/301899289739/tres-mujeres-que-portaban-en-procesion-una-vagina-de-plastico-niegan-cualquier-voluntad-de-mofa.html*
También *googlear* "santísimo coño" arroja muchos resultados interesantes y hay muchísimos más ejemplos de cómo eso que llaman los católicos (y la ley española) "delito contra los sentimientos religiosos" se transforma en una forma legal de impedir que otras personas manifiesten también sus sentimientos, es decir, impide la blasfemia y el sacrilegio que suponen las prácticas brujeriles o sencillamente no-católicas.

religión que consideran válida. La islamofobia y la cruzada que se emprendió en nuestros territorios no solo contra las brujas sino contra lxs árabes o el judaísmo son parte de lo mismo. Básicamente, con estos gestos, se están dando cuenta de que estamos practicando de algún modo una religión, y los más avispados saben perfectamente que poco o nada tiene que ver con el satanismo.

Jodorowsky[102] llama actos psicomágicos a este modo de ejercer nuestros poderes de forma efectiva para el beneficio de nuestras vidas. Eso es brujería para mí. Y la hacemos todo el tiempo de forma más o menos consciente. Considero que en cuanto le empecemos a poner un poco de conciencia a esos actos, éstos serán mucho más poderosos.

Por ejemplo el acto de dar las gracias por la vida que tenemos a algo más que a quienes nos regalaron este cuerpo, no importa a quién, no le pongamos nombre, no es necesario, solo demos gracias por estar vivxs al menos una vez al día.

También hacer ejercicios de humildad ante el universo puede reconfortarnos bastante. Vivimos en sociedades en las que todo el tiempo tenemos que estar demostrando que somos lxs mejores, nidos de hienas donde se nos ha enseñado a descuartizarnos entre nosotrxs.

Luchamos en disidencias en las que se nos dice "nunca te arrodilles ante nada", y yo digo, bueno... quizás no viene mal de vez en cuando arrodillarse ante todas esas energías que nos acompañan y que sin duda tienen más poder que nosotrxs y al menos por una vez sentirnos a gusto reconociendo que somos inmensamente pequeñitxs al lado de todo eso. Yo lo hago cada mañana desde hace rato y siento que con ese sencillo movimiento empiezo mi día sabiendo que quienes están a mi lado en este y otros planos están contentxs porque al menos por un instante dejé de ser soberbia, dejé de ser una hiena resentida.

Pongan un altar en sus casas, es una buena forma de materializar para nuestro entendimiento la idea de que no estamos solxs y otras fuerzas nos acompañan, nos cuidan y nos guían. En ese altar, que puede ser de cualquier tamaño y forma y estar en cualquier lugar (una amiga mía lo tiene al lado del WC porque es el lugar donde mejor se concentra de toda la casa), coloquen objetos que quieran decir algo para ustedes: fotos de sus muertos y muertas, de personas a las que quieran proteger especialmente, algo que adquirieron en un viaje significativo en sus vidas, símbolos y representaciones de las cosas que les resulten relevantes (amor, sexo, salud, dinero, sabiduría, experiencias, etc.), incienso, copal, velas, espejos, agua, comida, licores, drogas, flores frescas o secas, condones, bragas usadas, dildos, figuritas... Hay un sinfín de cosas con las que podemos llenar nuestro altar, todo es cosa de echarle un poco de imaginación y más que nada, atención. Esto último, la atención, es lo que

---

102. Está interesante su *Manual de psicomagia*. Acá pueden descargarlo: *https://datelobueno.com/wp-content/uploads/2014/05/Manual-de-psicomagia.pdf*

lo convertirá en algo poderoso. A cada objeto que lo conforme imprimámosle la energía de nuestra voluntad: si ponemos un barquito/avión/coche/tren de juguete o una brújula que sea para que nos protejan en los viajes; si ponemos una vela pensemos en algo en el momento de prenderla, pidamos algo que necesitemos o ayuda para cualquier cosa que estamos consiguiendo o queramos conseguir.

Creo que otra de las mejores utilidades de un altar y todo su contenido es que nos sirve para tener algo con lo que hablar cuando estamos solxs, en voz alta. Usar la vibración de la palabra para propósitos mágicos tiene mucho potencial, por eso lxs católicxs (y otros muchos cultos) se la pasan rezando aunque no sepan lo que están diciendo o únicamente repitan palabras que no son propias y para las que no se usa el pensar sino la memoria. Pero nosotrxs no hace falta que recemos nada, sencillamente hablemos con eso que hemos construido y contémosle algo: nuestras preocupaciones, nuestros miedos, nuestros deseos. Hasta contarle lo que queremos hacer en el día puede ser útil y positivo.

El altar no tiene por qué ser nada complejo, puede ser un simple lugar donde pusieron una ramita de romero, encendieron una vela o decidieron que era especial sin añadirle nada de nada. Puede ser un árbol que tenemos cerca, un cuadro que nos hace sentir bien, mil cosas, tantas que enumerarlas haría este libro parecer una guía telefónica.

Armemos un altar en nuestras guaridas y en él adoremos lo que nos dé la gana pero adoremos algo, aunque sea un cacahuete que para nosotrxs signifique cualquier cosa importante. Creo que a las deidades, para tenerlas contentas y de nuestro lado, no les hace falta más que el gesto y creo que también por eso están hartas de los católicos que se han centrado mucho más en revestirlas de oro y detallismos ridículos que en prestarle atención a lo que verdaderamente significan.

Ahí les dejo con su creatividad y con esta idea (que obviamente no tiene nada de mía porque se trata de una práctica ancestral que yo no hago más que recordarnos) y si después de llevarla a cabo no sienten que sus vidas cambian lo más mínimo, sepan que al menos sus casas lucirán más bonitas y de seguro estarán más protegidas.

Para cuando salimos de casa, de nuestro espacio de seguridad, especialmente cuando andamos lejos, viajando y sin lugar fijo donde poder montar un altar, podemos usar amuletos y éstos también pueden tener miles de formas. Para que sean efectivos necesitamos solo que nos importen y que signifiquen algo. Hasta un tatuaje puede hacer las veces de talismán si lo que queríamos cuando lo pusimos en nuestra piel es que ejerciera como símbolo protector. Yo, tatué el símbolo alquímico del arsénico en la palma de mi mano. Además de que el arsénico me curó de la fiebre tifoidea que agarré nada más llegar a México (la venganza de Moctezuma le dicen, jeje) también era usado en la antigüedad para espantar enemigos, se tiraba en los caminos para que éstos se desviaran hacia otro lado, lejos de los hogares, y creo que también ha sido utilizado durante siglos como el veneno predilecto de las mujeres que se veían atrapadas en matrimonios de los que no podían escapar salvo matando al marido de forma lenta y sigilosa. El modo en que uso este tatuaje es muy simple: cuando siento que alguien desconocido, siempre en la calle, puede suponer un peligro para mí, volteo la palma de mi mano hacia esa persona de modo discreto (aunque una vez lo usé directo a la cara) y pido protección. No me ha fallado nunca, de momento, y la persona suele tender a irse o cambiar de actitud a una más dócil y amigable.

Los símbolos a los que damos poder en realidad son una forma de traducir nuestras fuerzas espirituales en algo comprensible para la mente y poder proyectar nuestras intenciones de modo claro hacia afuera, ya sea tanto para protegernos como para generar uniones que nos convengan o nos gusten. Si lxs católicxs para conseguir trabajo o salud les ponen velas a ciertxs santxs puede ser que sea por tradición, convicción, borreguismo, miedo o por cualquier otro motivo. El tema es que muchas veces les funciona porque están invocando energías y espíritus que sí existen y lo hacen con intención. Lo feo es que se utilice algo así, que funciona, como forma de manipulación para conseguir dinero y poder. Eso es lo que convierte una religión en una estafa y es lo que ha pasado con la religión católica.

El caso es hacer las cosas con intención, respeto y humildad. Significarlo realmente cuando lo estamos haciendo, sentirlo, confiar en ello, ponerle poder. Y sobre todo no considerar nada de todo esto como infalible, porque nunca lo es. En nuestra cultura tenemos la manía de pensar que hay cosas y actos que nunca fallan, creo que eso nos limita mucho y nos lleva a un sinfín de frustraciones y decepciones. Todo falla en algún momento, esa verdad sí es infalible.

Otra cosa importante que no quiero dejar de mencionar es que nuestros cuerpos mismos también pueden constituir altares y templos. Considero, por ejemplo, que sus fluidos tienen mucha energía poderosa. La sangre sobretodo es un elemento mágico con grandes capacidades. Si pensamos que en las culturas occidentales antiguas todas estas cosas no existían y que no son más que cuentos o cosas importadas de otros continentes nos estamos equivocando. El uso de la sangre en las situaciones de conflicto es antiquísimo así como en los rituales. Y no me refiero a la sangre de los enemigos o de otros animales sino a la nuestra propia. Nuestras eyaculaciones también creo que albergan un cierto potencial pues provienen de algo increíble como es el sexo y el orgasmo. Las lágrimas de seguro también. Todos los líquidos que salen de nuestro cuerpo no por ser excreciones sino porque algo en nuestra mente o en nuestra voluntad los saca para afuera creo que podrían ser usados y resignificados para ritos variados.

Que hable tan mal de las cuestiones racionales no quiere decir que no debamos usar una cierta lógica para elaborar nuestros rituales o actos mágicos y espirituales.

Yo siento que todxs podemos ejercer una especie de lógica de la intuición, que es algo que hay que entrenar un poco pero que cuando empieza a funcionar es sorprendentemente útil. La intuición nos puede llevar a hacer cosas que en un principio parecen muy abstractas o locas y por eso casi nunca les hacemos caso, porque no parecen tener un significado claro y encontrárselo puede costar trabajo y tiempo. Pues bien, puede que sea necesario originar ese significado con todo aquello que tengamos en la cabeza que le pueda dar una explicación medianamente lógica. Por ejemplo un día un tarotista callejero me dijo que me quería regalar una carta de su tarot, que eligiera la que quisiera. Elegí El Carro, por intuición, sin pensar en nada concreto. La tuve unos días en mi bolsillo y un día temiendo que se perdiera la puse en el espejo retrovisor copiloto del vehiculo en que solía viajar mucho. Aún tardé un rato en darme cuenta del significado de aquello. No fue hasta semanas después que la carta cayó en mis piernas cuando me quise mirar al espejo, que entendí el significado protector que albergaba. Esto es un ejemplo nada más, estoy segura de que pueden encontrar miles de cosas de este tipo entre sus experiencias vitales y siento que empezar a prestarles atención ayudará mucho a desarrollar la intuición lógica y a que puedan empezar a usarla de modo consciente e intencionado.

Las religiones, todas, hablan prácticamente de lo mismo en diferentes lenguajes, códigos, imágenes. Lo difícil con nosotrxs (que no queremos nombrar ni representar a nuestras divinidades con lo ya establecido por lo que su nefasto percurso histórico implica) es que no tenemos nada con lo que invocarlas y tenemos que construirlo sobre la marcha. En ello estamos con la práctica rescatada de la brujería pero contamos con muy poca información; casi toda ardió en Europa y en América, el colonialismo, se encargó de exterminar todo tipo de prácticas y tradiciones que pusieran en riesgo al catolicismo, es decir, todo lo que no fuera católico. Reconstruir y reinventar ese lenguaje entre todxs, compartirlo, es alimentar una revolución con más posibilidades de éxito.

LA ESPIRITUALIDAD CAMUFLADA/INCONSCIENTE

A todo esto, quizás les esté diciendo que no son espirituales, quizás ustedes lo nieguen rotundamente, o tal vez son de lxs que dicen que no creen en nada pero... ¿Tienen en las paredes de su cuarto o casa la imagen de alguien que no pertenezca a su familia o amigxs? ¿Jimmy Hendrix, Edgar Allan Poe, Patty Smith, Emma Goldman, Bakunin o cualquier otro ser que sea admirado por otras muchas personas? ¿Usan y reproducen símbolos (anarquistas, feministas, de cualquier movimiento de disidencia) con los que se sienten identificadxs, que les dan una sensación de pertenencia totalmente confortante, que les ayudan a identificar a quienes están hechxs de lo mismo? ¿Escuchan música constantemente? ¿Se encomiendan a la suerte cuando van a hacer algo importante? ¿Ponen velas en momentos especiales? Bien, pues es muy posible que hayan estado adorando divinidades sin saberlo, personificándolas en las personas o simbologías que de un modo u otro han sido importantes para ustedes, que lxs han guiado, ayudado o acompañado en sus vidas. También es posible que tengan sus propios rituales para muchas cosas que bien podrían estar considerando como "hábitos" sin más. Si la respuesta a alguna de las preguntas anteriores es sí ¡felicidades! no andan por la vida desprovistxs de dios, simplemente han construido una forma de venerar algo a su modo, a la manera de quienes detestamos la religión impuesta y no nos queda de otra que fabricarnos nuestros propios cultos, aunque sea a ídolos populares, a la cerveza fría, o a nuestros propios anos.

Las fiestas y lo que hacemos en su entorno también son formas de culto a las deidades, de hecho en muchas de ellas estamos reproduciendo a la perfección lo que los griegos llamaban cultos dionisíacos, los romanos bacanales y los cristianos carnaval, que no eran para nada festejos alejados de lo divino sino totalmente relacionados, realizados por y para conectarnos con ello. Con la fiesta, la comida, la música, el baile, el alcohol, la droga, el sexo, el estar todxs juntxs celebrando algo estamos reiterando rituales muy antiguos y muy humanos de forma inconsciente. Los bares, cantinas, antros de toda índole e incluso casas particulares se han transformado en templos y aunque lo hagamos de forma torpe y sin medios para comprender la total dimensión del acto, eso es espiritualidad.

Miren a los ojos fijamente por un rato a quien tienen al lado, a la(s) persona(s) que aman, al amigo o amiga con quien tanto construyen, agárrense de las manos. ¿No ven aunque sea un poquito de divinidad ahí? Lo mismo con lxs animales que eligieron de compañerxs, las plantas que sembraron, los objetos que construyeron con amor y dedicación, la música que son capaces de hacer. Para mí, desde esta mirada aún bastante ciega pero que he conseguido abrir un poco, esto está en todas partes y se siente muy hermoso no estar sola, la verdad.

No me importa si les resulta ridículo o loco todo esto que les cuento, si piensan que es una tontería pensar que las revoluciones se ganan hincándonos de rodillas, poniendo altares y velas, dando las gracias por la salud o por la mera existencia, pero pues ¿desde cuándo hemos tenido miedo lxs monstruxs a hacer el ridículo o a estar locxs? Nomás prueben a ver qué pasa, total, no tienen nada que perder.

Después de esto no sé si quedará alguien al otro lado de estas letras que se pueda considerar ateo o atea, que yo pueda considerar como tal.

Nos faltan muchas armas y herramientas para poder vencer, para poder conseguir nuestros propósitos revolucionarios, este libro es casi un listado de sugerencias de todo aquello que considero deberíamos incorporar a nuestras luchas. Una de las que entiendo como cruciales es justo esto: no podemos continuar luchando dejando de lado a las divinidades y los espíritus, sin ellxs, tan dañadxs, enojadxs y hartxs de la realidad como nosotrxs, no lo conseguiremos jamás. Sépanlo.

SALUD

«El médico es el único sujeto que tiene completa
impunidad para matar a un ser humano».

PLINIO EL VIEJO, HISTORIA NATURAL

UIZÁS ESTA CITA DE PLINIO EL VIEJO que tiene veinte siglos podría haber sido extensible hasta la actualidad si no fuera porque desde las últimas décadas hay algo mucho más mortífero (y mucho más impune) que la mala praxis médica: las farmacéuticas. No me quiero extender mucho en este capítulo sobre este tema concreto pero sí hago un llamado directo a ponerle bastante atención, pues de todos los crímenes que el capitalismo está cometiendo a lo largo y ancho del planeta, es muy posiblemente que el que se hace en nombre de nuestra salud sea el más grave de todos, el que no deja títere con cabeza[103] y el que se está cobrando más vidas humanas que la más cruenta guerra.

De pequeñxs nos cuentan que las medicinas son para curarnos y además podemos comprobarlo mediante la propia vivencia corporal; desde la primera vez que nos da la gripe y esa pastillita maravillosa que mamá nos da nos hace sentir mucho mejor. Confiar en la ciencia médica no es como confiar en dios o cualquier otra abstracción: realmente lo hacemos porque todxs hemos tenido experiencias de enfermedad y sanación en nuestras vidas en las que "el médico" ha ejercido un rol positivo. Por eso nos resulta tan difícil dejar de confiar incondicionalmente, pues el doctor es una autoridad y siempre tiene la razón, jamás puede estar equivocado. Creo que Plinio se quedó un poco corto en su frase sobre los doctores,

---

103. Hay dos libros estupendos sobre esta cuestión de las farmacéuticas que me ayudaron a comprender de qué modo éstas son el enemigo, literal, de nuestras vidas. Uno es de Teresa Forcades titulado *Los crímenes de las grandes compañías farmacéuticas* y el otro es *Medicamentos que matan y crimen organizado* de Peter C. Gotzsche. Pueden encontrar las referencias bibliográficas de ambos libros y el enlace de descarga del primero en la bibliografía.

debería haber añadido que son los únicos sujetos a quienes se les presupone la perfección en su labor; no son humanos: son máquinas sin posibilidad de error.

Tampoco voy a profundizar en un tema que dice mucho de la medicina alopática de nuestras sociedades: su fundación sobre la tortura y la exterminación de cuerpos racializados y empobrecidos. Eso ya lo explica muy bien la compañera Klau Kinki con su proyecto Anarcha Gland[104] y sus investigaciones. No es ningún secreto que la academia médica asentó sus pilares sobre miles de cuerpos inocentes asesinados, mutilados y olvidados para el "desarrollo" de la misma mediante la experimentación. Bueno, de hecho sí parece ser un secreto para el grueso de quienes se dedican profesionalmente a la medicina alopática[105], pues se niegan a reconocer estos crímenes como lo que son.

Lo que quiero hacer en este capítulo es sugerir algunas formas de cuidar nuestra salud que sean realmente eso, un cuidado, y no un subterfugio más para seguir ignorando que podríamos estar mucho mejor y si no lo estamos es porque nos queda un largo camino de aprendizaje sobre lo que significa habitar un cuerpo.

Creo que el primer paso para emprender este viaje es empezar a cuestionar de forma crítica los dogmas de la medicina convencional. Yo la primera vez que asumí que la ciencia puede ser instrumentalizada para matar personas (gran paradoja compleja de digerir) fue cuando llegó a mí lo que llaman la teoría de la Disidencia del SIDA[106] a través de una amiga, Majo Pulido, que a su vez tenía otra amiga, Isabel Otaduy, realizando un documental titulado *La Ciencia del Pánico*[107] y cuya salud para cuando esta información llegó a mí se había deteriorado mucho por causa de quince años de tratamientos retrovirales tóxicos. Isabel murió en julio de 2009 pero su labor[108] (escritos, investigaciones, entrevistas, etc.) permanece e invito a todas las gentes lectoras de este libro a revisarla porque puede voltear totalmente no solo lo que pensaban sobre la relación VIH-SIDA sino sobre el completo sistema médico-farmacéutico.

Me terminó de convencer de que una gran parte de las prácticas médicas están costándole la vida a muchas personas cuando me tocó de cerca. Hace unos años, Amie, una compañera muy cercana encontró un bulto duro en su pecho cuando

---

104. *https://anarchagland.hotglue.me/*
http://anarchagland.tumblr.com/
https://gynepunk.hotglue.me/
http://gynepunk.tumblr.com/

105. Sobre la medicina alopática y lo que la diferencia de la homeopatía *https://es.wikipedia.org/wiki/Alopat%C3%ADa*

106. *http://replantearsida.blogspot.mx/*   *http://cleanhandss.blogspot.mx/*

107. En este link pueden ver el impresionante documental *https://archive.org/details/la-ciencia-del-panico*

108. *http://labiennacida.blogspot.com/* Es el blog personal de Isabel.

estaba de visita conmigo en Ciudad de México. Al regresar a su ciudad en Estados Unidos, los resultados de los análisis revelaron que se trataba de un cáncer muy agresivo y debía someterse a quimioterapia y cirujía. Ella, que es una persona muy inquieta e investigó bastante antes de pasar por las manos médicas, me contó más tarde que los tumores son básicamente un encapsulamiento que hacen las células sanas del cuerpo para aislar células dañinas y de ese modo protegernos de ellas. Es la forma sabia y magistral de la naturaleza de mantenernos sanxs y vivxs. Bien, cuando nos detectan un tumor, y con la excusa de tener que averiguar si es benigno o maligno (esto también es una estupidez en sí misma) lo primero que hace la medicina alopática es punzarlo, es decir, romper la barrera de protección que el cuerpo había generado. Al principio pensé que el motivo para no extraer el tumor sin más y una vez fuera del cuerpo (fuera del riesgo) analizarlo respondía a una cuestión de economía del esfuerzo: es mucho más simple insertar una aguja y hacer un análisis de lo extraído que abrir un cuerpo y extirpar un tumor. Pero parece que es a otro tipo de economía a la que pertenecen las motivaciones para hacer algo así (extender y liberar las células perjudiciales por el cuerpo): de este modo comienza una aventura farmacológica de amplios beneficios para la industria e innumerables perjuicios para la persona enferma, el más extendido, la muerte. El cáncer y sus tratamientos le costaron al sistema sanitario europeo 126.000 millones en 2009[109] y muy posiblemente estos números hayan aumentado en la última década. De esa cifra, 13.604 millones fueron a parar directos a los bolsillos de las farmacéuticas. Y pensemos que esto únicamente mete a la ecuación los tratamientos de quimioterapia y no la inmensa cantidad de medicinas paliativas que requiere una persona que está en quimio y cuyos gastos corren a cuenta del paciente, al menos en España[110].

De todos modos, en unos tiempos como los que vivimos en los que el beneficio económico está por encima de todos los demás, era de esperar que la industria que se alimenta con la enfermedad no se centrara en sanar a la gente sino en generar cada vez más personas enfermas, tiene sentido para mí ¿o no? ¿O acaso aún hay alguien que piense que es la industria farmacéutica una excepción en esto? Si generaran formas efectivas de curar se quedarían sin negocio, y eso no es algo que esté en sus planes.

Mi amiga por fortuna se curó. Pero no con la quimioterapia (de hecho eso fue lo que casi acaba con su vida) ni con la extracción parcial del tumor de modo quirúrgico. Básicamente fue alternando quimioterapias con sesiones de ayahuasca y

109. Es muy interesante el artículo de los investigadores Ramon Luengo-Fernandez, Jose Leal, Alastair Gray y Richard Sullivan titulado *Economic burden of cancer across the European Union: a population-based cost analysis*. El artículo se puede descargar de este link y está citado completo en la bibliografía: *https://pubmed.ncbi.nlm.nih.gov/24131614/* De ahí también extraje el dato de la cantidad que se destina exclusivamente a los fármacos de la quimioterapia.

110. *http://sociedad.elpais.com/sociedad/2013/02/01/actualidad/1359751222_076892.html*

otros tratamientos naturales. En una de ellas, el mensaje ayahuaskero fue muy claro: Si no paras con la quimio, estás muerta. Así que paró. Continuó con las sesiones de esta medicina natural increíble y el tumor sencillamente se fue. Aún le quedaba la mitad del "tratamiento" químico por cumplir (con su correspondiente desembolso de grandes cantidades de dinero) y yo estoy muy feliz de que no lo hiciera porque ahora está sana y viva.

Los sistemas sanitarios de los estados son totalmente cómplices de los crímenes farmacológicos, los médicos son los soldados de esta guerra y lo peor de todo es que piensan (no sé qué tan inocentemente) que lo hacen por el bien de la gente, es decir, son soldados idiotas incapaces de cuestionarse ni un ápice de lo aprendido, o de una mercenarios a los que nomás les importa el sobrecito que la farmacéutica les pasa para que se vayan a Honolulu cada año a olvidarse de las miserias y muertes que están causando los medicamentos que administran.

Y aunque el reguero de muerte no se detiene ahí[111] (en las personas diagnosticadas) yo sí lo voy a hacer con este tema pues creo que es suficiente para alentar ese primer paso del que hablo y que estoy segura que la gran mayoría de quienes leen este libro ya habrán dado hace rato.

Dicho esto creo que ante todo tenemos que ser prudentes e inteligentes si queremos que la gestión de nuestra salud esté en nuestras manos: lo mismo para no aceptar como válidos los diagnósticos de la medicina alopática ni sus procedimientos como para saber cuándo sí podemos beneficiarnos de ellos. Si te has roto un brazo, por favor, ve al hospital a que te hagan una placa de rayos X y a que te atienda alguien especializado en traumatología; lo mismo para una apendicitis, y en general para cualquier accidente que suframos. Creo que en esos sentidos podemos bajar un poco la guardia pues los accidentes no son con lo que más se

---

111. No son únicamente las muertes de pacientes sino los asesinatos continuados y desapariciones forzadas de médicxs e investigadorxs que desde dentro de la medicina están desarrollando cosas que realmente podrían curar. Y también todxs lxs doctorxs y profesorxs de medicina que quieren hacer las cosas bien pero ni sus instituciones ni sus compañerxs se lo permiten.
http://www.nature.com/news/inquiry-launched-over-aids-contrarian-s-teaching-1.10250#auth-1
https://beforeitsnews.com/terrorism/2016/05/11-cancer-doctors-all-found-murdered-within-three-months-2458573.html
En el aspecto de quimioterapias matando gente mientras los bolsillos de unos pocos se llenan, hay un texto interesantísimo (en inglés) de una mujer que fue diagnosticada con un cáncer incurable al mismo tiempo que su hermana gemela. La hermana se decantó por el tratamiento convencional y murió a los 11 meses. Ella siguió otros tratamientos no avalados y hasta prohibidos por los consejos médicos de Estados Unidos y Reino Unido, y sigue viva, tan viva que escribió este texto:
Mass Murdering Doctors: The Truth About Oncologists, Chemotherapy And Cancer, Teri Davis Newman, Ed. Paperback, 2017.
También es interesante observar el tema del negocio del lazo rosa y toda la parafernalia rosada que rodea al cáncer de mama. La compañera Caro Novella con su proyecto *Oncogrrrls* habla de eso y mucho más en cuanto a la relación del cáncer y el feminismo. *http://oncogrrrl.blogspot.mx/*

beneficia la industria farmacéutica (escayolar un brazo tiene un costo de menos de veinte euros en materiales), y aumentemos nuestra precaución cuando se trate de enfermedades, sobre todo cuando nos dicen que estamos enfermxs pero nosotrxs nos sentimos bien.

No quiero promover desde estas páginas que se deje de ir al médico. Eso sería muy imprudente y estúpido de mi parte. Lo que pretendo es que seamos críticxs y que desconfiemos de lo que la ciencia patriarcal capitalista tenga que decirnos sobre nuestra salud y que si somos diagnosticadxs con algo busquemos toda la información posible por todas las vías posibles antes de tomar una decisión de tratamiento. También pensemos que este tipo de provecho que sacan la industria farmacéutica y sus sicarios de bata blanca se alimenta principalmente del estado vulnerable que tienen los seres humanos en caso de enfermedad o emergencia médica y que a veces tomar una decisión bajo presión no es la mejor idea. Por eso creo que es importantísimo que nuestro círculo afectivo nos acompañe en este tipo de situaciones pues de seguro podrán pensar y calibrar con mayor precisión y frialdad que nosotrxs[112].

A mí me hubiera gustado mucho tener el privilegio de acceso a la información que tenemos ahora cuando a los catorce años (aún no existía *Google*) empecé a tomar Diane 35[113] por cuestiones hormonales relacionadas con mi ovario poliquístico y lo continué haciendo por más de dos años seguidos. Ese cóctel de progesterona y estrógenos sin duda eliminó todo rastro de acné de mi cara y frenó en seco el devenir trans que mi cuerpo de forma natural estaba tomando, pero también me volvió medio anorgásmica, me quitó mi pasión de patinar, me lanzó a un proceso de feminización que a mí me sorprendía y se me hacía muy poco propio de mí y en resumidas cuentas, me convirtió en alguien que yo no era, en un yo travesti que se sentía la mayor parte del tiempo entre el desconcierto y la autodestrucción. Evidentemente quien me lo recetó nunca mencionó todas esas posibilidades como efectos secundarios y mucho menos que podría haberme muerto de una trombosis al usarlo.

Pero ¿qué podemos hacer si aquellxs que se supone que tendrían que velar por nuestra salud en realidad o no tienen puta idea de lo que hacen con esos medicamentos/tratamientos y/o están en colaboración con empresas que nos están matando? Da

---

112. Un ejemplo de cómo la mala praxis médica puede afectar gravemente nuestra salud me lo da la rocambolesca historia de un amigo al que un dildo vibrador se le quedó atascado en el culo durante una sesión de sexo anal y en la gran mayoría de hospitales de Barcelona lo querían abrir en canal para sacárselo y así no tener que urgarle en el orto. Finalmente una doctora tomó unas pinzas largas de punta redonda y lo extrajo, ahorrándole así el calvario de la cirugía abdominal y su larga recuperación, y también ahorrándole al sistema de salud pública miles de euros.

113. Sobre la polémica en torno a este medicamento de Bayer se puede conocer mucho sencillamente googleando "diane 35 retirado del mercado".

un poco de miedito ponerse enferma en estas circunstancias y creo que una crítica al sistema sanitario y a las academias médicas no puede funcionar si no viene acompañada de alternativas. Es realmente terrorífico pensar que estamos totalmente desprotegidxs en este sentido, pero calma, no lo estamos. Nomás cuesta un poco de trabajo encontrar los modos porque todo lo que en nuestra sociedad ponga en riesgo las grandes fortunas del capitalismo, será estigmatizado y perseguido.

Por ejemplo ¿por qué la teoría de los grupos sanguíneos y su relación con la alimentación es tildada por la ciencia mayoritaria como una estafa o algo inconsistente? Para mí es muy claro: quien la promulgó[114] y difundió no se está haciendo rico, de hecho la gran mayoría de sus libros son fáciles de encontrar *online* de forma gratuita (no sucede así con los artículos científicos desde luego[115]) y es muy simple acceder a las traducciones también, además de que lo que propone no es peligroso en caso de no funcionar, se trata simplemente de comer unas cosas y dejar de comer otras. Conmigo desde luego funciona (eso no es garantía de que lo haga con otras personas, eh) y gracias a ello le encontré una explicación lógica a por qué unos alimentos me caen como veneno, otros como medicina y otros sencillamente como comida.

Pero bueno, acá les dejo algunas ideas que pueden ser útiles para que estemos menos expuestxs a los crímenes de la ciencia médica y para que estemos más sanxs y felices.

ESCUCHAR AL CUERPO

A veces con toda esta locura de ritmos de vida que llevamos pasamos por alto que somos de carne y hueso y que nos podemos enfermar, que podemos ser muy vulnerables y que esa enfermedad no siempre tiene que manifestarse con síntomas visibles como fiebre, vómitos o algún dolor concreto sino que bien podría estar de modo casi asintomático destruyéndonos poco a poco por dentro. Siento que este hecho (que podamos estar enfermxs sin saberlo) está totalmente relacionado con el escaso valor que se le da en nuestra cultura al acto de escuchar al propio cuerpo.

---

114. Peter J. D'Adamo. Acá puedes descargar su libro principal en su versión original *https://archive.org/details/eatrightdiet00dada*
Y en castellano: *https://archive.org/details/ESDadamoPeterJEatRight4YourType*

115. Para conseguir artículos de publicaciones científicas se ha de estar legalmente dentro de alguna institución científica o pagar un montón de dinero para descargarlos. Hay algunas iniciativas muy buenas como Sci-Hub (*https://www.sci-hub.se/*), donde con tan solo introducir el código DOI o PMID del artículo en su barra de búsqueda podemos descargarlo (no funciona con todos los artículos). El precursor de esta práctica (ilegal) de poner al alcance de cualquiera los artículos científicos fue Aaron Swartz. Para saber más sobre la historia de este increíble activista existe un muy buen documental titulado *The Internets Own Boy - The Story of Aaron Swartz* que podéis ver subtitulado al castellano en este link *https://youtu.be/7jhdj0vKbYo*

Nos resulta complicadísimo detectar síntomas sutiles porque no nos han contado que ciertas señales son un síntoma. En lugar de eso, la medicina a la que estamos acostumbradxs y la única que tenemos a mano desde el comienzo de nuestras vidas, lo soluciona todo por la vía rápida que consiste en mantenernos lo suficientemente drogadxs o adictxs como para que podamos seguir siendo rentables a la cadena de montaje capitalista. Nos ponen parches, curas rápidas, remedios temporales para que permanezcamos dentro de la productividad, lo cuál no es más que una forma de convertirnos en enfermxs crónicxs. Quieren que lleguemos a la edad de jubilación tan destruidxs como para no poder tener otro tipo de vida más allá del trabajo y, sobre todo, lo suficientemente enfermxs como para seguir saliendo rentables mediante la medicalización y su consiguiente ingesta de fármacos de por vida.

De hecho nos han contado que esos "síntomas sutiles" son "normales". ¿Normales? Normal es llegar a la cama con sueño y poder dormir, normal es tener hambre y poder comer, normal es que cuando nos levantamos en la mañana nos despertemos despiertxs (valga la redundancia) y ser totalmente independientes de cualquier droga (me pregunto a veces qué sería del mundo y del sistema capitalista si no existiera el café), normal es cagar a diario si hemos estado comiendo cada día, y así un largo etcétera.

Por ejemplo, no se considera que el cansancio sea una enfermedad, se le presupone una normalidad que refleja que la vida a la que el sistema nos fuerza incluye estar cansadxs siempre y para la que nos endosan una aspirina a la primera de cambio.

Nuestro cuerpo tiene muchas formas de manifestarnos que algo no va bien y el cansancio es una de ellas.

¿Cómo podemos escuchar al cuerpo? Primero creo que tenemos que dejar de normalizar las sintomatologías del malestar. Si no nos sentimos bien sencillamente NO ESTAMOS BIEN. Y no tenemos por qué estar enfermxs, hay miles de factores que podrían estar originando el malestar: puede ser que estemos descuidando nuestra alimentación, o poniéndonos hasta el culo de sustancias que no sabemos de qué están compuestas en fiestas interminables, podríamos estar viviendo en una zona cuyo aire y sus aguas están contaminadxs (de esto es casi imposible evadirse en ámbitos urbanos), quizás tenemos un trabajo que exige mucho más de lo que podemos dar y nos estamos autoexplotando, o simplemente pudiéramos estar muy preocupadxs por algún asunto de nuestra vida y estar somatizando esa preocupación.

Antes de lanzarnos a una consulta médica alópata es necesario revisar nuestros hábitos y nuestras vidas para ver si modificando algo que pensemos que no nos hace bien, nos empezamos a sentir mejor. A veces es tan simple como modificar un pequeño detalle de nuestra dieta o de nuestro entorno. Y si por lo que sea eso no nos da resultados, acudamos a alguien con conocimientos holísticos u homeopáticos para tratar de encontrar un diagnóstico. Creo que el hospital debería usarse nada más para emergencias por accidentes o tratamientos complejos, cirujías, etc., e ir a la consulta del "médico de familia" si ya hemos agotado antes todas las vías posibles. Homeopatía, medicina con plantas, acupuntura, osteopatía, shiatsu, etc. Hay muchísimas alternativas disponibles a nuestro alrededor y bastaría con preguntar a nuestro círculo afectivo para encontrar relatos y experiencias de sanación mediante estas metodologías.

Nuestro cuerpo nos va a decir claramente cuándo estamos haciendo algo que lo perjudica, préstenle atención y ahí es posible que tengan la solución a gran parte de sus males. Por supuesto no son nuestras acciones las únicas responsables de que nos enfermemos, tampoco es cuestión de sentirnos culpables cada vez que nos da un resfriado.

DEJAR DE ENTENDER EL CUERPO COMO ALGO INDEPENDIENTE DE LA MENTE

La separación cuerpo-mente pareciera haber sido ideada, más que como herramienta filosófica, como instrumento para desconectarnos de nuestro cuerpo (que deje de pertenecernos) y que se haga necesaria la medicina alopática de la mano de expertos, especialistas y personas tituladas para analizar lo que le sucede a esa casa de carne en la que vivimos y de la que en teoría deberíamos saber más que nadie.

Lo curioso es que esta separación es algo típico de las sociedades occidentales (y otras muchas más) y tiene su origen en Platón y en el racionalismo descartiano. Yo tuve hace tiempo la intuición de que esta concepción de nosotrxs nos está enfermando de formas muy serias (sí, las ideas pueden enfermar tanto como sanar). Investigando un poco para ver si mi intuición tenía algún tipo de respaldo encontré un artículo[116] que explica de qué modo ese dualismo cuerpo-mente afecta negativamente la salud de las personas que así lo creen, que al parecer somos una gran mayoría dentro de la cultura occidental. ¿De qué modo lo hace? Bueno, si entendemos nuestros cuerpos como pedazos de carne que nuestro pensamiento, identidad e ideas instrumentalizan como soporte físico, es muy probable que no lo cuidemos como se merece, pues es un "objeto", algo que no somos "nosotrxs" aunque sea "nuestro".

Este dualismo es una cosa mucho más compleja en la que no me quiero extender, pero me ayuda para introducir algo importante.

---

116. *The Mind Is Willing, but the Flesh Is Weak: The Effects of Mind-Body Dualism on Health Behavior* de Matthias Forstmann, Pascal Burgmer y Thomas Mussweiler. Su referencia completa y el enlace para descargarlo lo encontrarán en la bibliografía. Está en inglés, su título en castellano sería *La mente está dispuesta pero la carne es débil: Los efectos del dualismo Cuerpo-Mente en la conducta hacia la salud.*

Siento que sobre todo las personas disidentes tenemos una responsabilidad muy grande de ser honestas y de no callarnos las cosas. Guardarnos para nosotrxs lo que tenemos que decir es algo que no se nos da bien. Por mucho tiempo he considerado que eso, lo poco o nada que me muerdo la lengua, es uno de los factores que me mantienen sana como un roble. Y las veces que me he guardado algo que necesitaba decir, me he enfermado. No necesito ningún artículo ni ninguna teoría para saber que somatizamos las cosas que se nos quedan atravesadas, pues tengo mi experiencia con mi propio ser, y doy por hecho que no soy la única que se da cuenta de este fenómeno.

Se tienes algo que decir, algo que te está atormentando como un pedo atorado en las tripas, dilo. Dilo aunque te cueste el puesto de trabajo o una relación porque siempre será mejor eso a que te cueste la vida. De todos modos, quienes nos rodean deberían poder aceptar lo que tenemos que decir o en caso contrario marcharse de nuestro lado. Siento que las frustraciones, las mentiras que afectan a quienes queremos, las opiniones incómodas, algunos conocimientos que nos parece que podrían herir y todo eso que a veces nos quedamos para nosotrxs, bien podrían estar alimentando tumores dentro del cuerpo. Sería como si el cuerpo se resistiera a que seamos alguien que no somos. Obviamente mucha gente miente y se calla las cosas y eso no les hace sentir mal, al igual que hay muchas personas que cuando no consiguen hacer lo que querían sencillamente se conforman con lo que hay y no llegan en ningún momento a sentirse frustradxs. Digamos que el conformismo es el mejor antídoto para la frustración. Pero pues la inmensa mayoría de las gentes que me rodean no son así, las personas para las que escribo este libro no son así. Me gustaría mucho que nadie fuera así. También creo que la sinceridad es el mejor antitumoral que existe.

El miedo también es algo que afecta al cuerpo. Yo viví con miedo durante un tiempo (con miedo a la violencia de mi pareja, para ser más exacta) y creo que jamás me había sentido tan mal físicamente como entonces ¡hasta las ganas de sexo se me quitaron!

Si imaginamos la gigantesca cantidad de personas que viven sin poder opinar, sin poder decir lo que quieren decir, tragándose la rabia y sintiendo miedo cada día podemos encontrar una rápida respuesta a por qué hay tanta gente físicamente enferma. Esto no es solo porque las sociedades en las que vivimos nos estén envenenando con los alimentos o la toxicidad de los entornos: también están envenenando nuestras emociones y éstas tienen una repercusión clara sobre nuestra carne.

Cuerpo y mente no son dos cosas independientes. Quizás el espíritu o los espíritus que nos acompañan lo sean, pero cuerpo y mente son lo mismo, y por respeto a eso que somos en donde cada célula es imprescindible e irremplazable, deberíamos empezar a considerar esto aunque nomás fuera un gesto de salud.

AUTOGESTIÓN

Análisis hematológicos o de orina los podemos encargar a laboratorios por precios bastante asequibles (o incluso pedírselo a nuestro seguro social o privado) y con los resultados en mano podemos ver por ejemplo qué carencias o excesos de ciertos elementos tenemos comprobando cuáles son los parámetros saludables. Cualquier persona con acceso a libros o a internet podría aprender a autoexaminarse, autodiagnosticarse y autotratarse trastornos leves sin la intervención de ningún "sabio profesional" de la medicina. Tampoco tiene tanto misterio, son solo números y, lo más importante, conocimientos básicos de medicina. Por ejemplo, si descubres que tu nivel de hierro es bajo, revisa lo que has estado comiendo, posiblemente un buen plato de lentejas una vez por semana o un suplemento modifique los resultados. Y si no lo hace, entonces pides ayuda a alguien que sepa más que tú que de seguro no está en la clínica sino bastante más cerca, entre tus amigxs, entre tus conocidxs.

La primera vez que pensé que me había roto el tobillo me fui al veterinario más cercano a que me tomara una placa de rayos y me dijera si estaba roto o no. Me salió mucho más barato (en el lugar donde vivo no tengo seguro médico) y el diagnóstico fue el correcto (un esguince). Finalmente no hay nada elemental que diferencie la pata de una perra de la mía. Esto lo digo para que sepamos que podemos acceder a ciertas técnicas médicas sin tener que pasar por un hospital. A mí por lo menos me aterra la sola idea de pisarlos y de tener que someterme a sus arrogancias y errores. Únicamente cuando me dio apendicitis tuve que pasar por ese mal trago pero en realidad fue algo muy simple (pues la apendicitis no es una enfermedad sino un accidente) y, creo que esto fue lo más excepcional de todo: fui tratada con respeto e informada del procedimiento con cariño en todo momento. Importante decir que esta operación se llevó a cabo en un hospital público de Salvador de Bahía (Brasil).

Dentro de la autogestión considero que se enmarca también la toma de decisiones, el no dejar que nadie decida por nosotrxs lo que se hace o no con nuestro cuerpo. Por ejemplo, nunca permitan que les sea extirpada ninguna parte de su cuerpo si no saben cómo será el procedimiento (tiempo de reposo, dolor y cantidad de analgésicos necesaria, etc.) o sus consecuencias (cambios de carácter, dependencia a fármacos de por vida, dinero que tendrán que gastar en recuperarse y en los tratamientos, etc.).

La medicina alopática tiene mucha facilidad para meter bisturí antes que buscar otras alternativas. Tengo en mi memoria demasiadas historias de personas cercanas a las que este tipo de medicina pretendía vaciar, rajar y amputar alguna parte de sus cuerpos para paliar o incluso para prevenir alguna enfermedad. Historias tan terroríficas como la de una asistente a mis talleres de próstata y eyaculación[117] que había sido mamá tres veces (en zona semi-rural) y en su tercer embarazo tuvo complicaciones y le tuvieron que practicar una cesárea. Cuando despertó y habían pasado unos días el cirujano y su médico la sentaron en el despacho y le dijeron que de paso y ya que estaba abierta con lo de la cesárea, había aprovechado para realizarle una histerectomía pues consideraron ¡que ya tenía suficientes hijos! Intentaron vendérselo como algo genial pues al haberle quitado también las trompas y los ovarios, ya no tendría que padecer los dolores e incomodidades de la menstruación pues nunca jamás volvería a tenerla. Ella quedó totalmente en *shock*. Ni siquiera a ningún familiar le habían consultado sobre esta intervención ¡la hicieron sin más! Y después de notificárselo le recetaron una terapia de estrógenos restitutiva que tendría que tener de por vida para no perder la líbido, sin haber llegado a los cuarenta…

Creo que cuando nos empezamos a tomar en serio lo de la gestión autónoma de la salud, podemos llegar a generar redes que nos hacen absolutamente independientes de la medicina alopática. Y cuando digo independientes no me refiero a prescindir de sus herramientas sino de sus opiniones, diagnósticos y tratamientos.

Quiero compartir la lucha con personas que se sienten bien y que quienes lo estén pasando mal por alguna enfermedad puedan estar bien acompañadxs, informadxs y tratadxs. No quiero tener que ir a vuestros prematuros funerales si con estas palabras puedo contribuir a evitarlo. Es evidente que esto de la salud (salvo quizás la sexual) no es lo mío y sé que hay muchísimas personas investigándolo desde la disidencia con mucho más tino que yo. Espero también que vuestra propia curiosidad os lleve a encontrar más cosas que sean de utilidad a lxs demás.

117. Desde el año 2015 realizó estos talleres. Para saber más sobre ellos ver: *www.vice.com/es_mx/article/fui-a-un-taller-practico-de-eyaculacion-femenina-en-la-cdmx*

DINERO Y TRABAJO

«Qué tan feo será el trabajo
que hasta pagan por hacerlo».

DICHO POPULAR MEXICANO

L A ETIMOLOGÍA DE LA PALABRA TRABAJO NOS REVELA UN INSTRUMENTO DE TORTURA. Supongo que esto ya lo saben muchas personas pero nunca está de más recordarlo. El *tripalium* es una palabra latina que designa un aparato que era usado para castigar a lxs esclavxs y lxs presxs. Consistía en tres palos a los que se amarraba a alguien para infligirle dolor (azotes, quemaduras, etc.). Siento que las etimologías del léxico que usamos pueden revelarnos muchas cosas sobre nuestras sociedades.

Es por tanto la relación entre trabajo y esclavitud/tortura absolutamente directa y esto se hace mucho más acertado cuando hablamos de lo que se considera el trabajo asalariado moderno. La verdad es que yo, antes de tener mis ocupaciones actuales en las que soy la única trabajadora y la única beneficiaria de los ingresos generados (aunque también trabajo en colectivo a veces), nunca tuve ningún empleo que me haya hecho sentir torturada. Fui camarera mucho tiempo, teleoperadora, cartera, operadora de un tiovivo y repartidora de publicidad en patines. Todo ello me daba bastante satisfacción. No el dinero que ganaba (que también) sino la labor en sí. No fui ni maltratada por mis jefxs, ni bulleada por compañerxs, ni me pasó nada más traumático que quizás tener que ir a repartir cartas a las siete de la mañana un lunes sin haber dormido desde el viernes. ¿Trabajé en condiciones de mierda? Sí. ¿Trabajé sin contrato ni seguridad social? Pues también. Pero no me hizo sentir torturada, creo que eso son palabras mayores y que es de hecho el modo en que trabaja la inmensa mayoría de la humanidad, o como trabajaron mi papá y mi mamá o mis abuelxs, bisabuelxs, tatarabuelxs *and so on*.

Si acaso, me empecé a sentir torturada por el sistema cuando me di cuenta de que no podemos vivir sin dinero y que las únicas formas de conseguirlo son mediante el trabajo o el crimen, es decir, exponiéndose a perder la libertad o la vida en ambos casos. Eso me pareció muy cruel cuando lo comprendí. Si robas te meten presx, pero también es muy posible que tu trabajo se transforme en prisión. Si asaltas un banco, la policía te dispara y te mata; si te caes de un andamio y te matas no te estás matando tú, te jodieron las condiciones de mierda en las que estabas trabajando. Si alguien alguna vez se preguntan por qué hay delincuentes ahí está la respuesta: solo hay dos alternativas y ambas se parecen demasiado. A mí se me hacía un no tener escapatoria, estar atrapadxs en uno de los sistemas más perversos de explotación y exterminio posibles, y eso con "derechos laborales" de por medio, ni imaginarme cómo sería antes.

De algún modo todxs estamos sometidxs al sistema capitalista y librarnos totalmente del mismo es algo que ya quedó fuera de mis aspiraciones pues, aunque anarquista y utópica, imbécil no soy. Necesitamos dinero para demasiadas cosas y siento que nos podría ir mejor si lo pensáramos más como una herramienta que como una traición a nuestros ideales anticapitalistas.

No puedo imaginar ni una sola cosa, excepto la muerte, que no se solucione con dinero.¿Ustedes pueden? Y al mismo tiempo, oh paradojas de la vida, odio cuando alguien trata de usar el dinero como la vía rápida para solucionar algo, especialmente si se trata de un conflicto emocional humano. Siento que en esto, como en todo lo demás, las mentes críticas no estamos libres de contradicciones, y éstas concretamente son unas con las que urge lidiar pues siento que nuestras luchas podrían tener mucho más poder si lo hiciéramos.

Yo no he estudiado economía[118] y no es de eso de lo que os quiero hablar. Lo único que quiero es compartir algunas ideas que me han ido surgiendo en los años de activismo sobre nuestra distorsionadísima visión del dinero y el trabajo. Digo, es normal que ambas cosas nos caigan mal, todxs sabemos que eso de que el trabajo dignifica y toda la basura que acompaña a la idea no va con nosotrxs, pero pretender excluir los intercambios laborales/económicos de nuestras vidas no es una solución que me parezca válida para una mayoría de disidentes.

Tenemos dos cosas maravillosas que se han construido desde el amor a las luchas autónomas y por la necesidad de alternativas: la autogestión y la autofinanciación. Y como todo monstruo que sale de nuestras manos, tiene defectos.

118. Yo no lo he hecho pero por fortuna otras personas sí. De entre ellas me gustaría resaltar el trabajo de Amaia Pérez Orozco con el tema de la economía feminista. Sus dos textos que he leído me resultan imprescindibles para cualquier reflexión en torno a este tema. Son el artículo (escrito junto a Sara Lafuente) llamado *Economía y feminismo. Retazos de un encuentro.* (en *Transfeminismos: Epístemes, fricciones y flujos* de Ed. Txalaparta) y *Subversión feminista de la economía. Aportes para un debate sobre el conflicto capital-vida* (de Traficantes de Sueños). Cita completa y enlaces de descarga en la bibliografía.

Para mí el más grave es que seamos capaces de dejar de comer o de tener las cosas básicas de nuestra vida para apoyar, por ejemplo, a alguien o a algún proyecto que consideremos que necesita el dinero más que nosotrxs. Eso es un error gravísimo porque la carencia de dinero cuando se necesita vuelve a algunas personas mezquinas y amargadas y en ese estado, poco se puede hacer por los demás. Considero que lo primero que se debería tener en cuenta a la hora de solidarizarnos económicamente con cualquier causa es si ese gesto hermoso no nos va a joder la vida o el colectivo. Muchos proyectos autogestionados se han ido a la mierda por este tipo de cosas, por no ser capaces de anteponer su propia supervivencia a las causas justas por las que se lucha. ¿De qué sirve un espacio cerrado, que ya no existe más? Pues de nada, la verdad. Y es muy triste ver que suceda, porque no podemos hacer nada. Además, muchas veces no es que el proyecto no sea sostenible económicamente sino que los problemas de dinero han enturbiado tanto las relaciones entre quienes lo llevan a cabo que ya no se quiere continuar.

Siento que muchos de esos fracasos se podían haber evitado pidiendo ayuda a quienes se han tomado el esfuerzo de aprender de economía, ya sea con la práctica y algún tipo de don especial para los números y/o con estudios. Del mismo modo que en toda comunidad en resistencia debería haber al menos alguien que sepa de sanación (tanto de afecciones físicas como mentales) o de alimentación, también debería haber al menos una persona (la más honesta y ética de todas si puede ser) encargada de la contabilidad y de las estrategias económicas para mantener el proyecto o colectivo a salvo de quebrar (o de vaciar los bolsillos de sus integrantes).

Yo durante un tiempo hice tantas performances en la modalidad de "fiesta solidaria con" que acabé hasta el coño de llegar a casa destruida por haberlo dado todo en escena y no tener nada en la nevera para comer o una miserable cerveza fría para antes de dormir y descansar, o peor, que me hubieran cortado algún suministro. Creo que quedé muy traumada tras una vez en la que, después de performar para apoyar al caso 4F[119] en Can Víes[120], llegué a casa hecha unos zorros pues el lugar no tenía duchas con agua caliente y era invierno. Estaba ensangrentada de pies a cabeza (con heridas que me había hecho pues eran parte del show), toda embadurnada de miel que había usado para la perfo y demás basuras que se me habían pegado. Parecía un zombi recién salido de un pantano. Me metí en la ducha, abrí el grifo y ¡no había agua! Nos la habían cortado el día anterior.

---

119. El *4F* es uno de los casos de corrupción policial, judicial y gubernamental más graves que ha vivido la ciudad de Barcelona. Para conocer mejor el caso recomiendo el visionado del documental Ciutat Morta: *https://youtu.be/WtxnMYc0piU?si=86AHZfBjmVvAf_1x*

120. *https://es.wikipedia.org/wiki/Centro_Social_Autogestionado_Can_Vies*

Estaba sola en casa y solo se me ocurrió desinfectarme los cortes y agujazos con un vodka que teníamos por ahí y tirarme en el suelo con unas mantas a tratar de descansar (no me iba a meter a la cama así). Pero no pude descansar una mierda, únicamente pude lorar y llorar. Fue la primera vez que pensé que en nuestras estrategias de apoyo mutuo algo estaba definitivamente mal.

Lo cierto es que me quemé y dejaron de bastarme el plato de comida y las birras con las que se gratificaba mi participación. Sentí que había algo muy desequilibrado en eso pero jamás se me pasó por la mente sentarme en una asamblea y exponerlo. ¿Cómo iba a decir que quería cobrar en una fiesta solidaria? Entonces se me hacía algo muy feo, pero la verdad es que ahora siento que es lo justo. Y no solo cobrar yo como artista, sino que cada una de las personas que ponen su tiempo, cariño y esfuerzo (cocinerxs, camarerxs, técnicxs, diseñadorxs de carteles, repartidorxs de publicidad, equipo de limpieza, etc.) deberían llevarse algo aunque fuera nomás simbólico.

Cuando organizamos un evento autogestionado para recaudar fondos, lo corriente es presupuestar todos los gastos que el evento generará (compra de bebidas y comida, alquiler de equipos y/o espacios, etc.), las cosas materiales. Pero generalmente a nadie se le ocurre presupuestar también las cosas humanas, que por otro lado, no es que seamos de éter, también somos algo "material", que come, bebe, duerme bajo techo, que tiene frío, que necesita inversión.

¿Por qué no cobran las personas que entregan su tiempo a generar instancias de solidaridad económica? La solidaridad no parte de la autodestrucción o del trabajo gratis de quienes se solidarizan, o al menos no debería ser así. De hecho, y espero que nadie se ofenda demasiado, ahora que lo pienso el único trabajo que me ha hecho sentir torturada y explotada, ha sido aquel que tuvo lugar dentro de la autogestión. Qué cosas, ¿no?

Si en algún momento de nuestras vidas nos está yendo muy bien y nos podemos permitir el lujo de trabajar gratis para alguna noble causa, adelante, no lo pensemos dos veces. La satisfacción de entregarnos de ese modo a algo es muy grande y no tener una estabilidad económica no debería privarnos de ella. Pero si esa entrega nos está costando la salud, la nuestra y la de las relaciones con nuestro círculo de militancia, para lo que no deberíamos pensárnoslo dos veces es para decir que no, que no podemos, que nos supera, que no estamos preparadxs para luchar en esas condiciones.

Adoro el modelo del Forte Prenestino[121], una okupa histórica de Roma. Ahí no solo todas las personas que hacen cosas tienen su salario sino que también tienen sus contratos de trabajo. Supongo que es porque no les dio alergia hablar

121. *https://www.forteprenestino.net*

de dinero y de las condiciones laborales más justas para todxs (y bueno, también porque llevan cuarenta años en el mismo lugar). Eso es autogestión en todo su significado. Para mí, muchos espacios o colectivos de mi contexto más que de autogestión parecen de autodestrucción. No es autogestión si no nos podemos cuidar, si no podemos garantizar que todas las personas que participan del proyecto lo están haciendo de un modo saludable para sus cuerpos y sus bolsillos.

No sé cuánto habrán cambiado las cosas desde que no vivo en Europa pero tal y como estaban antes de que me fuera, la inmensa mayoría de proyectos autogestionados se mantenían o bien porque las personas involucradas trabajaban por otro lado en empresas o de forma autónoma, con sus jornadas laborales, su salario fijo y su contrato, y/o porque estaban okupando, reciclando la comida y la ropa, etc. Ahora imagínense el potencial que ganarían esos espacios y proyectos si fueran, además de una cuestión de resistencia, un puesto de trabajo.

Otra de las cosas de las que quería hablar es de la autofinanciación. Es maravilloso ser capaces de generar dinero para nuestras luchas y propósitos sin tener que pedirle nada al Estado o a las instituciones. Da una satisfacción tremenda que todo salga bien de forma autónoma. Obviamente tenemos el ejemplo de las fiestas solidarias pero desde hace algunos años hay también una forma de financiación colectiva que ya acumula muchos triunfos. Se llama Verkami[122] y es una plataforma *on-line* de recaudación de fondos para emprendimientos autogestivos. De hecho, este libro que tienes entre las manos fue inicialmente creado porque a través de Verkami conseguimos el dinero necesario para poder imprimirlo, maquetarlo y diseñarlo. Fueron concretamente 2.700 euros en menos de diez días. Y este ya es el tercer Verkami que llevo a cabo de forma exitosa. El primero fue para poder llevar mi libro *Pornoterrorismo* a Italia. El segundo para poder realizar en Ecuador el festival de postporno, la Muestra Marrana, del que fui parte junto a Lucía Egaña.

Lo único que necesitamos para que todo salga bien es tirar de la solidaridad de las personas afines e interesadas en nuestra idea a financiar. Tener un buen equipo de difusión en redes y medios, y sobre todo, que por los días que la campaña de financiación esté activa, no hacer prácticamente otra cosa que promocionarla.

Yo creo que ya llegó la hora de pararle al argumento de que estamos en contra del capitalismo y por eso no vamos a pagar a nadie y nadie va a cobrar. También pararle al decir que no podemos hacer algo porque no tenemos los medios económicos.

Nos tiene que empezar a no dar tanto asco hablar de dinero, se comporta casi como un tabú peor que el que tienen quienes no son capaces de hablar de sexo y que tanto criticamos. Es ¡el innombrable! Cambiemos eso.

---

122. *http://verkami.com*

COMUNICACIÓN

MI PAPÁ DE PEQUEÑA ME GASTABA UNA BROMA que me volvía loca de la risa. Podía caer en ella una y otra vez y siempre tenía en mí los mismos efectos. Era tan absurda que justo eso la convertía en algo tan gracioso. Iba más o menos así (todo ello a gritos):

Papá: ¿Qué dices?

Yo: No, no te he dicho nada.

Papá: ¡¿Cómo?!

Yo: ¡Que no te he dicho nada!

Papá: ¡Habla más alto hija que no te oigo!

Yo (ya gritando todo lo que mis pulmones daban de sí):

¡¡Qué no te he dicho nadaaaaa!!

Papá (haciendo el gesto de sacarse algo del oído): Ay, disculpa es que tenía un plátano en la oreja. ¿Qué decías?

Este recuerdo viene a mí ahora constantemente cuando veo cómo nos estamos comunicando entre aliadxs diversxs y feministas. Creo, gente, que tenemos un gran plátano dentro de la oreja y la verdad es que ya no me hace ninguna gracia.

Ese plátano es el patriarcado y la forma en que hemos aprendido de él a comunicarnos atrofiadamente, sin escuchar lo que la otra persona tiene que decir y sin ser consecuentes con las palabras que decimos, sin hacernos responsables de sus consecuencias, sin pensar, vaya.

Me dan ganas de escribir este capítulo casi como si fuera una puta parodia de los hermanos Marx, siento que nos falta mucho humor.

No recuerdo que nos estuviéramos comunicando bien antes de tener Internet (sí, hubo un momento en que no había ¡para nadie!) pero sucede que esta herramienta maravillosa que podríamos estar usando exclusivamente para construir una red de lucha unida y sólida con feministas y anarquistas de muchas otras partes del mundo, por contrapartida nos está intoxicando a unos niveles jamás alcanzados antes, sobre todo, mediante nuestra enferma interacción política en redes sociales. Bueno, es más bien nuestra ineptitud para entender que detrás de cada teclado y cada pantalla hay un ser humano. La red es genial, somos nosotrxs lo que está bien jodido.

Mis primeras interacciones en Internet con otros seres fueron a través de chats y foros, fundamentalmente de lesbianas. Recuerdo que con toda mi rabia *teenager* me metía ahí dentro a armar follones diciendo cosas que sabía de antemano que levantarían ampollas. Me quedaba despierta hasta las mil de la noche para ir viendo las reacciones (que me daban una satisfacción boba pero satisfacción al fin y al cabo), responder con cosas aún más ofensivas, esperar de nuevo las reacciones y responderlas, y así podía estar días o incluso semanas. Toda adolescencia es un momento medio terrible en el que andamos desorientadxs y enfadadxs con el universo. En mi caso ese enfado además estaba regado de desarreglos hormonales, una vida social bastante disfuncional y autodestructiva, con una aversión absoluta por el sistema educativo al que estaba forzada a asistir y, al mismo tiempo, una progresiva toma de conciencia del poder de mis palabras. Se podría decir que en esos foros aprendí a escribir como una auténtica cabrona encolerizada y era lo que podríamos llamar una *troll*.

Además, nadie se ponía de mi lado en esas discusiones, era un todas contra una y la una era yo y aquello, esa especie de superioridad moral que da que nadie esté de acuerdo contigo, me encantaba y me daba la "plenitud" de la que carecía en mi existencia más allá de la red.

Y lo mejor de todo era que sabía que las personas que estaban al otro lado del hilo eran en su mayoría ¡adultas! ¡Esas miembras importantes de la sociedad que hacen cosas serias y significativas! Podía estar dándoles quebraderos de cabeza a mayores de treinta que como moscas caían en mis trampas. Eso me otorgaba una sensación de poder inmensa (que no empoderamiento) a la que me costaba mucho renunciar. Total, por aquel entonces no tenía más ideal político que el de destruir el mundo. Creo que dejé de hacerlo porque aparecieron en mi vida personas afines (¡aleluyah!) y empecé a tener cosas mejores en las que emplear mi tiempo y porque pensé y sigo pensando que mi lengua afilada podría estar al servicio de causas mayores que mi propio culo.

Ahora veo aquel comportamiento inmaduro mío, calcado paso por paso, en personas crecidas, leídas y estudiadas (no sé que tan curtidas en lucha de base), que se dicen feministas. El feminismo parece su *playground,* su supermercado de comida para ego o de plano su farmacia para paliar frustraciones, depresiones, ansiedades y demás mierdas.

Sin duda se han quedado atrapadas en una especie de adolescencia virtual, lo cuál es una lástima porque muchas escriben muy bien, tienen buenas ideas, son talentosas...[123]

---

123. Nótese que no voy a dar ejemplos concretos y mucho menos nombres. No quiero que mi libro sea ni el *playground*, ni el supermercado y mucho menos la farmacia de nadie.

Y nosotrxs, quienes estamos haciendo cosas efectivas dentro de los feminismos más allá de la red como escribir libros, artículos, dar talleres, hacer música, organizar jornadas y eventos, acciones directas, marchas y manifestaciones, etc., les entramos a sus festines de mezquindad a la mínima de cambio. Somos sus presas favoritas, sin duda, porque ¡oh! les está prestando atención (aunque sea para ponerlas a bajar de un burro) alguien conocido, alguien "importante". Pffff, qué pereza me da ahora todo eso.

Cuando alguien hipotéticamente afín dice algo muy ofensivo para nuestras ideas solemos saltar como perros de batalla, directxs a la yugular. No miramos más allá para ver los motivos por los que un/una supuestx aliadx podría pensar así, estamos siempre tan a la defensiva (con razón, pues nos atacan a diario desde muchos frentes reales y virtuales) que no somos capaces de reaccionar de otra manera más allá de la rabia y la indignación. Pues bien, la gran mayoría de veces que esto sucede, lo que realmente está pasando es que esa persona está haciendo un llamado de atención sobre un grave problema, suyo y nuestro.

Yo misma me he visto envuelta en toda esa mierda y poseída por la ira discutiendo con otras[124] feministas en redes sociales, básicamente con personas cuyas deficiencias vitales parecieran estar siendo cubiertas mediante el odio que generan las polémicas internas que cuidadosamente orquestan para que, aunque solo sea por un par de días, pues la red trae implícita la fugacidad, todxs hablemos y difundamos y publicitemos y expansionemos por todas partes sus soberanas payasadas. Y ¿saben por qué les funciona? Porque no somos perfectas y nosotras también tenemos deficiencias vitales que atender y preferimos estar evadiéndonos en esos combates de teclado antes que ponerles atención a nuestros verdaderos problemas. Es una especie de auto-fraude perfecto, y es muy complicado tanto el no caer en ello como el escaparse una vez que se ha caído.

En la red nos convertimos en nuestrxs propixs enemigxs porque no es que estemos defendiendo ideas: estamos exponiendo nuestras miserias de manera pública para alegría de quienes verdaderamente no quieren que el feminismo, en ninguna de sus manifestaciones, exista. Las exponemos porque no hemos aprendido aún a gestionarlas de manera saludable mediante el diálogo digital. Casi no sabemos hacerlo con el cara a cara, imagínense si además algún estúpido

---

124. Acá hablo en femenino porque el total de mis experiencias de este tipo en las redes sociales ha sido con mujeres (trans y cis). Muy pocas veces me he enzarzado con compañeros hombres (trans o cis) en discusiones de muro de face y no sé si es porque la presencia masculina en mis contactos es más bien escasa y tranquilita o por qué. En todo caso es un dato a tomar en cuenta. Supongo que cuando es un hombre el que entra en esas dinámicas rápidamente lo cortamos con la excusa de que es hombre, y termina callándose la boca sin más. Digamos que ahí tenemos una herramienta (algunas veces bastante turbia) de deslegitimación rápida de las opiniones y provocaciones de alguien.

pensamiento nos ha hecho creer que nuestras pantallas y la comodidad de nuestros hogares nos protegen. Quien es valiente fuera de la red deja de serlo *on-line*. Se transforma en una especie de mono con machetes que a diestro y siniestro suelta los argumentos más hirientes porque de algún modo quiere y persigue la acción que no está pudiendo encontrar en sus militancias no virtuales.

Está todo tan podrido que he visto compañeras que no se conocen personalmente entre sí y que de hacerlo seguro se llevarían super bien, arrancarse los bits a mordiscos por estupideces del tamaño de un ácaro del polvo.

Por redes podemos discutir sobre un sinfín de cuestiones ideológicas internas pero creo que sería más productivo y positivo si pudiéramos detectar cuando hay una especial voluntad por discutir sobre un tema en concreto, y que se montara un encuentro físico para tratar ese tema de modo asambleario o mediante ponencias y turnos de preguntas y respuestas. Y si eso se hace muy complicado, ¿por qué no armar unas jornadas virtuales? Que sean discusiones organizadas, tematizadas, con un objetivo clarificador, con un registro y un archivo de lo dicho y acordado, todo ello en *streaming* y en directo hasta las casas de cada cual. Con la tecnología de la que disponemos algo así sería totalmente viable y posible. Además tengo la intuición de que si fuera una propuesta pública y publicitada como tal, más allá de la mal entendida privacidad de nuestros muros virtuales, muchas personas dirían un número menor de insensateces, serían más respetuosas y se pensarían mejor las cosas antes de soltarlas por la boca o el teclado.

Pero bueno, en lugar de eso siento que preferimos seguir dando un espectáculo lamentable en el patético tecno-circo de las redes sociales y que el único registro de nuestras discusiones lo tenga el señor Mark Suck-erberg en sus servidores (el lugar más seguro del planeta para la historia de nuestros feminismos, ¿verdad?).

¿Dónde está la lucha feminista que realmente tiene injerencia sobre el mundo que habitamos? Desde luego no en la red. Ésta es solo un instrumento, un arma, que podemos usar para la lucha pero que no es (y nunca será) la lucha misma. Sería como decir que un clavo es la carpintería, ¿entienden? Y que el carpintero más prestigioso del mundo estuviera atascado en el proceso de hacer la silla más útil y bella porque un clavo se le ha ido por otro lado y se ha doblado. Disculpen la simple metáfora pero es que ya no sé muy bien cómo expresarlo.

Motivaciones para salir de esas dinámicas de comunicación enfermas (dentro y fuera de la red) y antídotos para no caer en las trampas de la debilidad ajena y propia no deberían faltarnos si amamos la lucha antisistema. Por ello propongo algunas ideas que me motivaron a mí para este intento de restaurar nuestras líneas y sacarnos ese puto plátano de la oreja de una vez por todas.

Cortar la hemorragia de bits

Nos estamos desangrando y hay que pararlo a tiempo. No pueden continuar ni el escarnio ni las peleas absurdas, ni los debates interminables e infructíferos por Internet, así como tampoco las absurdas funas. Si al menos alguien se tomara la molestia de redactar un informe después contando qué resultados tuvo la discusión quizás se podría sacar algo de provecho de ello. Pero no, se trata de cosas que quedan en la red pero no la trascienden y si lo hacen es a modo de enemistades de patio de colegio en plan "no voy a esas jornadas a las que me invitaron porque va esta otra mema con la que discutí sobre una idiotez que ni recuerdo por FB" o a modo de descrédito de nuestras luchas (me imagino al enemigo pajeándose con nuestra fragilidad y durmiendo muy a gusto en las noches porque una panda de locas que no son capaces ni de ponerse de acuerdo entre ellas no suponen ni supondrán jamás un verdadero peligro para el sistema).

Imagínense por un momento todo lo que podría rendirles el tiempo que pierden en los tecno-circos si lo emplearan en hacer algo positivo por sus vidas o las de quienes lxs rodean. ¿No es eso aliciente poderoso para evitarlo? Si la respuesta es no, entonces ahí tienen la señal de que algo definitivamente no va bien en sus vidas. Pidan acompañamiento, pues su salud no es una cuestión solo personal cuando comienza a afectar a las gentes con quienes comparten vivencias y disidencias.

Otra estrategia: Antes de caer en provocaciones propongo que pensemos si lo que vamos a decir o escribir públicamente es útil para algo o alguien más allá de la satisfacción de ganar un combate ideológico virtual contra personas a las que ni siquiera les ponemos rostro; que meditemos si va a beneficiar en algo al feminismo o a algún/a compañerx. Si después de pensar en eso aún queremos ponernos a debatir porque el tema en sí se está dando en términos respetuosos y constructivos, adelante. Si no, más bien pónganse a ver un poco del porno que más les guste, o echen un polvo, tengan algunos orgasmos, salgan a pasear con su perro, fúmense un porro, escriban un haiku, llamen a sus abuelas para decirles que las quieren mucho, salgan a tomar unas cañas con la gente que aman, incluso sería menos nocivo que se sentaran delante de la tele a ver cualquier cosa. Hagan lo que sea pero olvídense de lo acontecido en la pantalla. Ignorar las provocaciones es la única forma de combatirlas. Hay que tener a veces mucha fuerza de voluntad y frialdad para hacer algo así, sobre todo si la provocación no es "en general" y está dirigida concretamente hacia nuestra persona. Acusaciones falsas, cuestionamientos a nuestra ética o a la ya muy mencionada coherencia, ataques directos a personas que queremos mucho o a nuestros colectivos, resurgimiento de un error que cometimos en el pasado y que ya quedó enmendado, o insultos directos. Todo ello es común en este tipo de juegos del mal y lo único que hay que hacer para que se acaben, para ganar, es ignorarlos. ¡Nunca una victoria fue tan sencilla! No tenemos que hacer absolutamente NADA para lograrla. Y si realmente se trata de algo difamatorio o que pueda afectar sus vidas de forma fehacientemente negativa, no actúen solxs, pidan ayuda a sus personas cercanas y afines para redactar un comunicado refutando lo que quiera que se haya dicho sobre ustedes, y que sea un texto cerrado con todo lo que tengan que decir y comentarios inhabilitados. Pero no se metan a argumentar o discutir con la persona causante del embrollo, acuérdense de esa adolescente cabrona que describo al inicio de este capítulo, imagínensela (tenga los años que tenga) frotándose las manos y relamiéndose a la espera de que ustedes, mariposillas desprovistas de juicio, caigan en su red.

Si ven que no pueden con todo ello o que no están preparadxs para asumir su parte de responsabilidad en esta masacre de la comunicación entre feministas, hagan el favor de borrarse del mapa de las redes sociales, aunque sea de modo temporal, háganlo por su salud y por la de sus compas. Les juro que hay vida más allá del Internet. Y si por cuestiones laborales no pueden hacerlo (si usan las redes además de para hacer desmadres, para ganarse el pan), contraten a alguien que les ayude o pidan apoyo a alguna persona tranquila que tenga el ánimo templado y sea incapaz de entrarle a las provocaciones. Pidan a ese alguien que les gestione la parte laboral de sus redes o que les de un curso acelerado de cómo mantener la calma. Y si la sola idea de no tener su FB o IG o Twitter les genera demasiado pesar, otra estrategia seria fijar un tiempo máximo y prudente de estancia en redes sociales al día o a la semana y prometerse a sí mismx no superarlo, o prometérselo a la virgen o a sus dildos o a lo que quiera que sea muy muy sagrado para ustedes (¿el feminismo por ejemplo?). Yo desde hace un buen rato ya que no permanezco ahí dentro más de una hora (o dos cuando tengo que promocionar algo), y también hay días completos en los que ni se me ocurre entrar. Lo hago porque me di cuenta de que había, en mi caso, una relación directa entre participar en follones y el exceso de tiempo que pasaba muro arriba y muro abajo, procrastinando y aburrida. Y nada me hace pensar que esa relación fatídica no aplique para lxs demás. Básicamente y en resumen: no tienen excusa para seguir jodiendo.

Escuchar, escuchar, escuchar

Tenemos la concepción (bastante patriarcal por cierto) de que las ideas, sobre todo las nuestras, son inamovibles y eso por un lado nos impide el crecimiento y por otro nos convierte en tozudxs y tercxs mentales. Ya he tenido que escuchar muchas veces (incluso de mi propia boca) que ya no estamos para cambiar de ideas. Ahora siempre que lo oigo pienso "a esta persona se le debe haber muerto algo muy importante por dentro, principalmente las ganas de seguir aprendiendo".

Y esto de la mutabilidad del pensamiento es justo lo que debería diferenciarnos de estos malnacidos que gobiernan el mundo con ideas que quisieran congeladas por los siglos de los siglos. Las nuestras no son así, no deberían ser así. Las ideas revolucionarias son mutantes, a las que se les desea estar en constante crecimiento, y para que eso suceda necesitamos de un hábito que parcialmente hemos olvidado y perdido: escuchar.

Escuchar dejando de lado la ideología y en la medida de lo posible nuestras opiniones preconcebidas de lo que se nos cuenta o de quien nos lo cuenta, atender a lo que nos están diciendo y luego pensarlo un poco y ahí sí con nuestras ideas de por medio, decidir si nos gusta, si no nos gusta o si tenemos que pensarlo un poco más, tener más información al respecto antes abrir la bocaza.

Siento que hablamos sin pensar. Eso entorpece muchísimo la comunicación entre afines y no tan afines. Y la exigencia de inmediatez de nuestros medios de comunicación en red no ayuda en absoluto a que pensemos antes de decir las cosas.

Tenemos que escuchar más a quienes provienen de contextos vitales o de lucha diferentes a los nuestros y con quienes no por casualidad se generan interacciones; aunque nos escueza lo que tengan que decir, aunque nos chirríe el pensamiento hasta el dolor, aunque haciéndolo nos desmoronen la mitad de lo que creíamos que éramos. Hacerlo, prestar atención a lo que tienen que decirnos, nos puede aportar visiones muy nutritivas para esas ideas que ponemos en común: escuchemos a lxs compas Latinoamericanxs, a lxs negrxs, a lxs gitanxs, a las, los y les trans, a lxs árabes, a lxs presxs, a lxs mayorxs, a lxs adolescentes, a lxs niñxs, a lxs diversxs funcionales y mentales. Tenemos que escuchar y callar por una vez aunque nos cueste, porque haciéndolo, de algún modo, estaremos contribuyendo a nuestra deconstrucción como seres colonialistas y racistas natos, inyectándonos vacunas para los prejuicios y presunciones que nos pueblan porque están en nuestra cultura.

Es como si ese plátano de la incomunicación se hiciera más grueso y se nos insertara más en el oído cuando se ponen en la palestra nuestros privilegios, pero pues hay que aguantarse tantito la incomodidad y quizás tomar la drástica y dolorosa decisión de sacárnoslo para poder escuchar.

Y por supuesto también es imprescindible que escuchemos a nuestrxs compas de lucha con lxs que compartimos contexto cultural pero quizás no experiencias vitales. Y a las personas de nuestro círculo afectivo vengan del contexto que vengan y sean del color que sean. Y a la vecina del 5º y a cualquiera que se nos acerque a decirnos algo y no sea declaradamente un enemigo. Escuchen primero y luego a ver qué pasa, ¿no?

Con esta práctica, aunque en muchas ocasiones no será fructuosa, seremos mejores porque estaremos aprendiendo cosas que no sabíamos, adquiriendo nuevas y eficaces herramientas, contruyendo alianzas que serán más fuertes porque no andaremos ofendiendo y alejando a otrxs compañerxs con nuestra ignorancia y nuestra desfachatez. Y lo mejor de todo: escuchando podremos comunicarnos diciendo cosas que valgan la pena ser escuchadas y no disparates de déspotas desinformadxs. Escucha y te escucharán. Es así de simple. Y si el medio por el que te estás comunicando no lo permite ¡cambia de medio!

Cosméticas como mordazas de la comunicación corporal

Incluyo este tema acá en el apartado de comunicación porque es donde mejor acomoda aunque en este libro un poco todo esté relacionado y casi cualquier cosa podría ser dicha en cualquiera de los otros capítulos.

Yo abandoné la práctica de "perfumarme" con sustancias químicas a la edad de diecinueve o veinte años. Recuerdo que usaba una cosa llamada *Farenheit* porque un noviecito que tuve se lo ponía y a mí me encantaba, me daba como calentura, era un olor muy invasivo. Luego me di cuenta de que aquel tipo era un patán absoluto y que lo único que me había mantenido a su lado era su polla y ese olor, sobre todo ese olor. Posiblemente se echaba litros de ese perfume por encima para distraer sobre su persona, para camuflar su necedad.

Los perfumes contemporáneos están hechos para que la persona con la que jamás cruzaríamos una palabra, nos atraiga fulminantemente, y para repelernos con quien quizás sería una alianza perfecta. Ojalá fuéramos más como el resto de nuestrxs congéneres homínidos y nuestra primera interacción al conocer a alguien fuera meternos las narices en los culos y los sobacos. Estoy convencida de que nos comunicaríamos mucho mejor.

La cosmética es una de las estrategias más del sistema capitalista patriarcal para alejarnos de nosotrxs mismxs y de lxs demás, para que no nos entendamos de la manera más básica y tengamos que recurrir de manera obligatoria a toda la parafernalia que nos venden para que seamos una "comunidad". Cuando pienso que cualquier otra especie podría saber inmediatamente a través de la nariz si hay algún semejante cerca me pregunto ¿a qué olemos lxs humanxs? Y no tengo una respuesta más que parcial y confusa a esa cuestión.

Esto es algo sobre lo que llevo reflexionando mucho tiempo y en lo que de seguro en algún momento profundizaré mucho más. Decidí que era algo de suma importancia cuando un día descubrí en el baño de la casa de una chica feminista (que me hospedaba durante uno de mis viajes de presentación) un producto que me dejó helada. Era un frasquito con unas rosas en la etiqueta y en el que se leía "desodorante íntimo" y su subtítulo era "ayuda a prevenir el mal olor vaginal". Yo me quedé ahí sentada en el inodoro un buen rato leyendo todo lo que contenía (incluía parafina y un montón más de sustancias toxicas y generadoras de afecciones como candidiasis o gadnerella) y dudando entre salir de ahí con el frasco en la mano para preguntar a la compa que por qué usaba esa porquería o directamente tirarlo, deshacerme de eso. Opté por lo primero pero con mucha cautela, y con el truco de preguntar si me servía eso para la intimidad de mis sobacos la abordé. Inmediatamente ella bajó la cara y me dijo "qué vergüenza, aún sigue esa mierda ahí". Resulta que la chica había tenido un novio imbécil (uno de tantos) que le había dicho que con mucho gusto le comía el coño pero que se tenía que poner eso porque el olor a coño no le gustaba. Yo le dije "oye, pues se hubiera comido mejor un ramo de rosas, porque los coños no pueden saber a otra cosa más que a coño". Ella se rió, lo quitó de mi mano y lo arrojó al bote de la basura.

¿Por qué nuestra cultura se ha empeñado en decirnos que nuestros coños huelen mal? Para mí está claro como el agua: es una vía rápida de desempoderarnos a través de la vergüenza y de evitar que nuestros coños y sus olores se puedan comunicar con el resto de la especie, y por ende, que no seamos respetadas ni comprendidas. Si alguna vez se han preguntado por qué los perros se nos tiran directos a olernos el coño cuando aún no nos conocen, la respuesta es esta: están buscando a la hembra alfa y tratando de saber quiénes somos y si suponemos una amenaza o un regalo para su manada. Pobres perritos, creo que deben de ser los más desconcertados en todo esto: somos lo único que no huele a algo vivo de todo lo que tienen alrededor, lo único que no tiene un lenguaje definido y regular.

Desde estas páginas les sugiero que hagan la prueba a vivir un mes sin cosmética de ningún tipo (¡ojo! no sin aseo, eso es una cosa totalmente diferente), lo que incluye prescindir de cualquier tipo de perfume natural o artificial, ya esté éste en los jabones que usan para lavarse el cuerpo, en los desodorantes, en las colonias, etc[125]. La primera semana se la van a pasar (si es que han usado cosmética como hábito vital por mucho tiempo) preocupadxs por la percepción que tengan lxs demás de ustedes y lo van a notar porque la gente les mirará diferente, interactuarán de un modo distinto al acostumbrado y esto se manifestará de una forma muy sutil, apenas imperceptible. Es muy incómoda esa primera semana, es como salir a la calle desnudxs, nos hace sentir desprotegidxs. Pero eso es solo cultural, luego a medida que vayan pasando los días nos daremos cuenta de que jamás nos habíamos sentido tan protegidxs por la calle y fuera de nuestros espacios de seguridad.

Implica generalmente también una reconexión con unx mismx muy hermosa. Empezar a explorar nuestro propio olor, comenzar a distinguir cómo olemos cuando estamos tristes, enfadadxs, asustadxs, alegres, ¡calientes! Es toda una aventura a la que lxs invito. No garantizo que en sus cuerpos y vidas vaya a funcionar como en mi caso, pero igual ¿qué van a perder por intentarlo? Desde luego si alguien decide retirarse de su lado, con toda seguridad se habrán quitado de encima a una persona del todo nociva.

---

125. Pueden usar un jabón de glicerina neutro y como desodorante pueden usar roca de sal.

¿Conocen esa película en la que una chica adolescente se mete una patata en el coño para dejar que ahí se pudra y así evitar una posible violación mediante el olor que desprende?[126] Pues bien, no tiene nada de disparatado pensar que nuestros olores naturales puedan prevenir agresiones. Tampoco hay que perder de vista el hecho de que nuestras emociones huelen[127], y serían perceptibles para lxs demás si no estuviéramos bloqueándolas por completo con toda la bazofia química que nos echamos en la piel. El dicho de "esto me huele mal" no proviene de la nada, y estoy segura de que antes (en tiempos en los que no había una industria cosmética) nuestra capacidad para interpretar los códigos olfativos no estaba mermada y tenía una utilidad tanto o más efectiva que la comunicación a través de todos los demás sentidos. De hecho eso que llaman el "sexto sentido" no es más que una forma de "tener olfato".

Espero que podamos recuperar esta y todas las formas de entendernos que tenemos a nuestro alcance. La comunicación rota es sinónimo de una lucha rota e inservible, y eso no es un síntoma, es un diagnóstico terminal.

---

126. Se titula *La teta asustada*. Véanla, es muy buena película.

127. Prueben a buscar en *google* "olor y emociones" y verán la inmensa cantidad de escritos al respecto.

PRIVILEGIOS/ OPRESIONES

«And from the safest places
come the bravest words».

DARK NEW AGE, THE SOUND[128]

ES UN EJERCICIO MUY SANO PARA CUALQUIER LUCHA y especialmente para el feminismo y el anarquismo pensarnos a nosotrxs mismxs en un entramado vital de privilegios y opresiones, y tener ambas cosas en cuenta en todo momento cuando opinamos, cuando tomamos decisiones.

Yo estoy privilegiada en esta vida por tener un pasaporte europeo y por ser blanca. También por tener un círculo afectivo y familiar que aunque precario, no está en la pobreza. Con esto estoy diciendo que mi nacionalidad en muy pocas ocasiones me ha ocasionado algún inconveniente cuando salgo de mi país y que mi color de piel tampoco. También, que en el dado caso de que tuviese alguna emergencia grave que requiriera de fondos, de seguro podría conseguirlos.

Por otro lado, estoy oprimida porque soy mujer, porque no soy heterosexual y porque pertenezco a la llamada "clase obrera". De que soy blanca y europea tardé mucho tiempo en darme cuenta. De que soy mujer/no-heterosexual/clase obrera creo que me enteré desde los primeros instantes que recuerdo de mi vida.

Con esto quiero decir que los privilegios no los notamos hasta que no nos ponemos en ecuación con el resto de personas que nos rodean y con el mundo. Y a veces ni con esas, pues sobre todo las personas que nos consideramos antisistema y disidentes y por tanto del lado oprimido y no opresor (esto también es una presunción errada pues todxs podemos ser opresorxs) tenemos unos mecanismos muy eficientes para no querer ver la otra cara de la moneda: nuestras ventajas sobre lxs demás.

---

128. "Y de los lugares más seguros vienen las palabras más valientes". La traducción es mía.

Quiero simplificar: un privilegio es una ventaja y una opresión una desventaja. Tampoco es que yo lleve mucho tiempo meditando sobre esto, la verdad. No tiene más que unos pocos años que esta discusión en torno a los privilegios llegó a mí, y no lo hizo en mi contexto sino al mudarme a México donde, por supuesto soy la representante de un país que se constituyó (y se sigue constituyendo de muchas formas) como el máximo ente opresor de millones de personas en todo el continente americano.

Aún así, tengo ganas de decir lo que pienso sobre esto aunque no sea ninguna experta, pues creo que puede ser de utilidad para personas como yo o en mi situación y contexto.

Empezar a contemplar estos aspectos privilegio/opresión depende mucho de qué tan amplia y honesta sea nuestra mirada a "lo otro" y de que tan mixto sea nuestro círculo afectivo y de lucha. Recuerdo que en mis primeros años de activismo absolutamente todas las personas que militaban junto a mí eran blancas a excepción de una; éramos la gran mayoría españolas o europeas y muy pocas latinoamericanas. Evidentemente eso cambió cuando me vine para este lado del charco. Pero lo cierto es que, en ese entonces, nunca se produjo un cuestionamiento de tal hecho (nuestra casi exclusiva no mixticidad) de forma autocrítica; vaya, no nos llamaba la atención que de todas las personas que éramos (quizás un grupo de entre veinte y treinta, con interacciones con otros grupos en la misma situación que nosotrxs) solo hubiera una que fuera negra-caribeña, una turca y contadas con los dedos de una mano las no-europeas. De alguna manera, esa lejanía con la otredad racializada nos tenía ciegxs en muchos aspectos, incluido el del racismo que llevamos dentro, hasta el punto de que algunas de estas personas llegaron a casarse con migrantes africanos a cambio de dinero. ¿Hubieran hecho algo así de haber tenido una base crítica sobre los propios privilegios? Posiblemente no.

Entonces, proveernos de más información y más reflexión sobre este tema se me hace una responsabilidad personal y colectiva ineludible en el momento actual. Más vale tarde que nunca, dicen.

Y ¿cómo vamos a hacerlo? Bueno, para empezar dejando de exigir asistencialismo a las personas que cargan opresiones de las que carecemos. No es su responsabilidad instruirnos ni reeducarnos. Tampoco les podemos pedir que sean amables y sutiles y que digan las cosas con cariño y buena onda. Del mismo modo que yo no soy capaz de responderle de forma amable y educada a un macho que me exige que le explique el feminismo pues presupone que la evangelización de mastuerzos es parte de mi activismo, doy por sentado que esa misma respuesta se puede dar en la reacción de otrxs hacia nuestras demandas. Y a pesar de que esto no es una exigencia, me consta que muchas personas no euroblancas que están dentro del feminismo y las luchas de resistencia en la Península están haciendo una labor informativa y educativa brutal, de la que sin duda (y si tuviéramos un poco más de agallas para reconocer lo que somos aunque no nos guste) nos podríamos beneficiar inmensamente.

El problema es que el señalamiento de nuestros privilegios nos hiere en un lugar desconocido. ¿Cómo es posible que seamos racistas si vamos justo contra el sistema por ser racista entre otras cosas? Pues es posible del mismo modo en que puede haber una mujer con prácticas machistas, o un-una anarquista con conductas jerárquicas. Somos contradicción y ésta no debería sorprendernos tanto. Pero ¿cómo no vamos a ser racistas si hemos crecido en una cultura que nos propone la conquista de América como una de las mejores hazañas de nuestro país y que nos pinta de betún al rey Baltasar? Amigxs, desprenderse de toda esa porquería cuesta años y no sé si decir que hasta la vida entera (yo aún estoy en ello y no es que no le esté poniendo empeño). Desde luego negar nuestro racismo interiorizado no es un primer paso para nada.

Un primer paso sería, como digo en el capítulo anterior, empezar a escuchar a la gente que nos cuestiona justo esto. Quizás también ayudaría ser un poco más asertivxs cuando se nos señala un privilegio, decir cómo nos hace sentir eso sin entrar en actitudes pasivo-agresivas o de plano violentas.

Las personas privilegiadas que también padecemos opresiones (por ejemplo una blanca, europea, mujer y lesbiana) ignoramos por lo general que éstas ni son las únicas que existen ni son las peores y tendemos a vivir en burbujas que resultan extremadamente frágiles cuando alguien las pincha con lo que mal hemos querido llamar "acusaciones". Nos estamos comportando del mismo modo que los hombres cuando se les indica que vivimos en sistemas patriarcales que los favorecen: lxs blancxs nos ofendemos cuando nos indican que el hecho de serlo también es una ventaja pues vivimos en sociedades comandadas por hegemonías blancas racistas.

También interpreto que un punto débil que tenemos a la hora de autocuestionarnos esto es que la identidad se construye en torno a las opresiones. Éstas se convierten, en nuestro caso, en una forma de delimitar lo identitario. Cuando nos preguntan (o cuando nos decimos a nosotrxs mismxs) "¿qué somos?", estoy segura que la gran mayoría de quienes están leyendo este libro jamás responden "soy blancx y español/a". Espero, vaya…

Yo soy mujer y eso es parte de mi identidad. Y ¿cómo me he dado cuenta de que lo soy? Pues porque es una puta mierda ser mujer en un mundo como este y lo es mucho más no ser una mujer dentro de los parámetros de la normatividad. Soy también blanca pero eso no es uno de los ingredientes de mi identidad, no al menos con la misma percepción con la que lo hace el ser mujer. ¿Por qué? Hasta que no tuve cerca a personas no blancas relatándome sus peripecias en un mundo tan racista, no me di cuenta de que esas violencias y opresiones no eran parte de mi experiencia vital. Básicamente solo están orgullosxs de ser blancxs lxs neonazis y la gente de derecha. Para ellxs sí es parte de su identidad.

Siento que adquirir orgullo en las opresiones es muy característico de quienes luchamos contra el sistema, pero esa misma visibilidad que queremos darle a lo que nos oprime no puede de ningún modo seguir opacando nuestros privilegios, lo que nos beneficia.

Por otro lado, cuando empezamos a ser un poco consciente y cuidadosxs con este tema, tenemos la tendencia de pasárnosla señalándoles a lxs demás gentes de nuestro contexto todo lo equivocadxs que estuvieron. Pero en realidad, por ejemplo, cuando las personas blancas nos empeñamos en señalar el racismo de las demás estamos incurriendo en una forma de racismo: hablar por las personas no blancas, de forma paternalista. Y, cuidado, está muy bien que nos digamos las cosas, lo que estoy criticando acá es el uso de nuestro hipotético crecimiento personal y político para intimidar y humillar a quienes aún no han llegado a ese punto.

Advierto de esta tendencia porque me parece preocupante y siento que en muchos casos no se trata más que de una usurpación de la voz de quienes, quizás inocentemente, estamos pretendiendo "defender".

Un día, estando en La Gozadera[129], una española empezó a hablarme de sus vivencias en México. En general siempre me da un poco de repelús que la gente de mi tierra venga a hablarme solo porque yo también soy de ahí, no he tenido experiencias muy gratas y esta no fue una excepción. La chica, que acababa de volver de sus vacaciones "revolucionarias" en Chiapas, estaba vuelta loca con lo vivido y de entre toda la purria que me soltó antes de que le cortara el hilo me dijo algo que me dejó helada: "El otro día soñé que era indígena y todo el mundo me escuchaba en las asambleas de mi (x) colectivo". Ufff. Yo nomás me levanté y me fui a la calle a tomar aire. No le dije nada y ella no volvió a dirigirme la palabra. Me dieron ganas de preguntarle qué entendía ella por "todo el mundo" y también si sabía que las voces indígenas son precisamente de las menos escuchadas en el planeta. Me callé porque estoy segura de que otra personas más adecuada que yo (mexicana, por ejemplo) en algún momento le iba a poner las cosas en su sitio y si yo le decía algo quizás también le estaría arruinando esa maravillosa experiencia de que te quiten la memez con un buen sopapo (verbal o de los otros).

Otra cosa muy importante también es que no permitáis jamás que alguien invisibilice vuestras opresiones. Están ahí, os condicionan vuestro día a día desde siempre y el hecho de que seáis de Europa (una Europa, por cierto, bastante

---

129. Punto Gozadera fue un espacio feminista autónomo en la Ciudad de México actualmente reubicado en la ciudad de Xalapa, Veracruz. *https://es.wikipedia.org/wiki/Punto_Gozadera*

decadente) o blancxs, no le da a nadie el derecho de ignorar o hacer de menos lo que os oprime como mujeres, como lesbianas/maricas, como trans, como diversxs funcionales, como clase obrera, etc. Yo quiero decir que una cosa no quita la otra, que es una necesidad para todxs hablar y pensar sobre las opresiones que vivimos y que no es ni ha sido nunca cuestión de medírnoslas a ver quién la tiene más grande. Cuando alguien nos señala los privilegios aprendamos de ello, pero no sintamos que una cosa invalida la otra y viceversa. Es decir, si nos señalan las ventajas de nuestra blanquitud, no podemos saltar con que somos de clase obrera o bolleras. No hay ninguna relación entre ambas cosas. La interseccionalidad es un hecho, no un invento académico, y toda persona que cuestiona los privilegios de otra no podrá nunca estar cuestionando al mismo tiempo sus opresiones. Si eso sucede, apaga y vámonos.

Y quiero comentar una cosa más: Sobre si hay personas instrumentalizando sus opresiones dentro de los espacios y colectivos de disidencia para ganar poder y, paradójicamente, adquirir privilegios, me voy a abstener de hablar. Me consta que existen, pero no podemos permitir que esos casos aislados se transformen en el pretexto para deslegitimar y desempoderar a quienes conducen sus opresiones de forma ética y nutritiva para las luchas, que son sin duda, una mayoría.

LA TELA DE LA ARAÑA: PATOLOGÍAS DEL FEMINISMO

La sororidad termina cuando la caza de brujas empieza

MARE ADVERTENCIA LIRIKA [130]

UE ESTAMOS MUY ENFERMAS LAS FEMINISTAS[131] es algo que salta a la vista. No sé si la causa sea que nuestros espacios de confort (creados con toda la buena intención del mundo) nos están funcionando "demasiado" y tenemos el privilegio de pensar demasiado también, no sé si será porque nos hemos dejado de tomar la lucha en serio porque aunque "nos están matando" no nos están matando lo suficiente, no sé si sea porque las redes sociales y su no vernos la cara y que lo que acontece en ellas ocupa el 80% de nuestro "activismo"; el caso es que no sé por qué ¡coño! No tengo idea de cómo hemos llegado a esto, no soy analista, ni historiadora, ni antropófaga, perdón, antropóloga, ni ninguna de mis formaciones vitales me da herramientas para analizar el origen de nuestras enfermedades con detalle. Lo que sí tengo es ojo para ver dónde nos duele y qué es lo que nos está produciendo el daño. Al menos algunas de todas las patologías que padecemos son muy claras para mi visión. ¿Cómo solucionarlas? No lo sé, tampoco soy doctora.

Pero tengo mucha confianza en nuestra inteligencia colectiva y estoy segura de que juntas le podemos encontrar la cura (o aunque sea el apaño temporal) a

---

130. Mare Advertencia Lírika es una hiphopera feminista zapoteca (México, Oaxaca). Sus letras están principalmente centradas en la crítica al sistema capitalista y patriarcal y no dejan a nadie indiferente. Para saber más sobre ella: *https://es.wikipedia.org/wiki/Mare_Advertencia_Lirika*
Para escucharla: *https://soundcloud.com/mare-advertencia-lirika*

131. Voy a generalizar en femenino en algunas partes de este capítulo. La razón: porque me da la gana. Si quienes se sienten ofendidos por esto (pero la generalización en masculino se les hace "natural") al menos ya llegaron hasta el final del libro, lo pueden cerrar aquí y quemarlo en una hoguera si desean. Arderá divinamente.

cada uno de estos padecimientos que están sucediendo en el gran cuerpo, diverso y monstruoso, del feminismo. A continuación, la cámara de los dolores.

ULTRACATEGORIZACIÓN DELIRANTE

La ultracategorización se ha convertido en un problema enorme. Afecta severamente a la comunicación entre personas aliadas (o al menos con un enemigo común bien definido), excluye de manera drástica a todxs aquellxs que no tienen ni tiempo ni medios para actualizarse esa base de datos de categorías humanas nuevas que prácticamente cada día aumenta, y lo más grave de todo: nos fragmenta irremediablemente.

Ya casi usamos el alfabeto completo para nombrar a las disidencias sexuales sin que nadie salga herido en su tremenda susceptibilidad, sin que absolutamente nadie se considere excluidx.

Se han creado una inmensidad atroz de grupúsculos aislados dentro de esa disidencia y no se generan medios de comunicación entre sí: toda información que fluye de un lado a otro o es incomprensible o es hiriente. Así, el colectivo de demisexuales-no binarixs-deportistas no solo no se comunica con el de bolleras-cisgéneras-sadomasoquistas sino que se llevan a matar entre sí. Y mientras tanto, la derecha-conservadora-neoliberal-patriarcal-católica se pone toda en pié al mismo tiempo para acabar con nuestra existencia y, de paso, morirse de la risa con nuestras pendejadas. Así estamos como estamos...

¿Adivinen de dónde provienen todas esas categorías? ¡Exacto! Del mismo lugar donde se dio el perfeccionamiento de gran parte de los males que nos acechan en la actualidad: Estados Unidos. Muchas de las ideas que importamos compulsivamente de allá nos lastiman pues no encajan ni en nuestros contextos de lucha ni en nuestras realidades vitales. Y aún así, pensamos que se trata de "herramientas" útiles que nos van a funcionar. Por favor, si ni siquiera funcionan allá donde fueron creadas, todo el movimiento feminista y de disidencia sexual gringo está absolutamente desarticulado por esta cuestión y parece que eso no significa nada para nosotrxs, quizás porque desconocemos las catastróficas consecuencias que tuvo y está teniendo allá. El colonialismo ideológico no se da solo en Latinoamérica, también en el contexto mediterráneo han hecho mucho daño las ideas gringas y nativas de otros lugares de la Europa anglo y francófona. Leen demasiados fanzines y publicaciones ajenas, creo que sería muy sano dejar de hacerlo por completo o con un ojo bien atento en esto que estoy diciendo.

Nos estamos haciendo pedazos con todo eso que tratamos de forzar para que encaje en nuestros discursos y en menor medida en nuestras prácticas, nos estamos autoexterminando ideológicamente entre nosotrxs, envenenándonos, perdiendo nuestro tiempo. Y el enemigo se ríe y se ríe.

El movimiento feminista se está pulverizando en partículas que cada vez tienen menos que ver entre sí. Los feminismo, vale, ok, pero ¿realmente estamos en situación de permitirnos algo así? ¿de partirnos en todos estos pedacitos irreconciliables?

Cosa de niñxs mimadxs y aburridxs, demasiado pegadxs a sus *black mirrors*, milenials, *femihipstas* y demás se me hace a mí esto de la ultracategorización.

Es genial que se haya producido en las últimas décadas esta explosión de diversidad de géneros y sentires: es justo eso una de las cosas cruciales que le batallamos al patriarcado, sus binarismos recalcitrantes. Pero ¿realmente era necesario que las hermosas mutaciones que desencadenó la teoría *queer* y el "zafarnos del binarismo" desencadenaran también esto? Yo creo que no, que simplemente se nos está yendo la olla y la mano.

¿De qué sirve librarnos del binarismo si lo único que estamos haciendo es multiplicar las celdas? Antes solo había dos (mujer-hombre, hetero-homo) y esa cárcel se sentía muy muy fea. Ahora estamos en una macroprisión de alta seguridad, donde todos los habitáculos son de aislamiento. No puedo imaginar pesadilla peor que esta. ¡El "remedio" ha convertido la enfermedad en algo mucho más grande!

Desde mi punto de vista, una cosa es reconocer y celebrar la infinita diversidad de lo que somos y empoderarnos en esa multiplicidad de identidades y otra muy distinta sustancializar esas diferencias en categorías cerradas, justo como hizo el patriarcado para convertirse en lo que es hoy, blindando las categorías de hombre y mujer y generando grietas insalvables entre ambas.

"¿Pero no era el propósito inicial de lo *queer* destruir las categorías?", me comentaba mi amiga LadyZunga[132], que en paz descanse y que de escabullirse del género sabía mucho, cuando le hablé de esto de la ultracategorización. Pues sí, la verdad, pero se nos ha ido de las manos y en el proceso de dejar de ser hombres y mujeres hemos brotado en un amasijo que es demasiadas cosas a la vez y al mismo tiempo, incompatibles entre sí.

Evidentemente fue un error pretender que "hombre" y "mujer" dejaran de existir en nuestras identidades pues no se puede combatir al sistema disfrazadxs de unicornios, la verdad, ni tampoco van a venir desde la nebulosa *genderqueer* a salvarnos del machismo y la inmensa cantidad de crímenes que se cometen a diario contra las personas generizadas[133].

---

132. *https://twitter.com/ladyzunga*

133. Llamo personas generizadas a todas aquellas que no pertenecen al género dominante (el hombre, el macho) y que no son hombres con apariencia de hombres que socialicen como tales sin ocasionar ningún tipo de disrupción. Creo este término (quién sabe si no estará ya creado, pero yo no lo escuché antes) inspirada de algún modo por la categoría de "personas racializadas" como aquellas que no son blancas.

Siento que este desmadre solo podría haberse generado mediante el privilegio de tener mucho tiempo libre (libre de trabajo, libre de batallas, libre de preocupaciones de las que quitan el sueño) y muy pocas ganas de construir una lucha feminista de base.

Las personas que no tenemos tiempo de leer a las grandes vacas sagradas de lo *queer*, que no tenemos tiempo para leer las parrafadas de FB o los artículos en las revistas académicas, sentimos que ya no podemos opinar, ni hablar, sin ofender irremediablemente a alguien, sin generar una fractura irreparable entre nosotras y quienes sí son absolutamente correctxs en sus categorizaciones y "hablan bien". Algunas incluso no tenemos ganas de sus discursos tampoco porque no nos sirven para nada, menos aún cuando no vienen acompañados de cariño o ganas de aprender nuevas cosas juntxs.

Creo que hablar con miedo (o de plano dejar de hacerlo) es una de las asquerosas consecuencias de esta patología. Nos han robado la voz. Y no únicamente a nosotras quienes pensamos que solo la flexibilidad y la comprensión mutua podrán salvarnos, sino que también las personas afectadas por esta patología la han perdido. Un lenguaje que nomás comprenden un grupo reducido de una minoría marginal, está avocado a la extinción o al aislamiento. Ustedes también han perdido su voz porque una ínfima parte de la humanidad parlante lxs comprende y esa parte son ustedes mismxs.

Una cosa que nos pasa mucho a las monstruas es que necesitamos sentirnos especiales, es parte de nuestro proceso de sanación de toda la mierda que hemos tenido que tragar y que seguimos tragando a diario en cada interacción que tenemos con el mundo "normal". Ese "ser diferentes" nos salva, nos alivia, nos hace más fuertes. El problema es que se nos está saliendo de control, que tenemos que ser muy cuidadosas de que sentirnos especiales no se transforme en algo dogmático y hegemonizante, y sobre todo, que no se nos suba a la cabeza, que no nos llene las venas de soberbia, de egoísmo.

Con la ultracategorización corremos el serio riesgo de estar armando una especie de "supremacía" *queer*. Y cuidado, porque si hay algo que pudiera aislar y dejar totalmente noqueado al feminismo, es eso.

Triggerwarnitis aguda terminal

Esta patología está directamente relacionada con los discursos de lo políticamente correcto, con diferentes formas de adquirir poder mediante el victimismo y con la expresión más fea de eso que llamo el "policía interior". Os voy a contar una anécdota que la representa muy bien.

Solo tres veces en mi trayectoria como performer he sido forzada a cancelar un show. Eso es todo un logro teniendo en cuenta el tipo de espectáculos que estaba proponiendo a los diversos escenarios por los que circulé con mi pornoterrorismo por más de diez años (contenían sexo explícito, sangre, BDSM, y otras cosas mucho más hirientes aún como la poesía) o la forma totalmente precaria desde la que los desarrollaba sin ningún tipo de apoyo ni de instituciones ni de comunidades artísticas. Dos de ellas fueron de algún modo "esperables": una vez fue por la imposibilidad de una institución (Hemispheric Institute[134]) de pagarme de un modo que no fuera salvo haciéndoles una factura pero en un país (Estados Unidos) en que hacerla me hubiera supuesto gastar más de lo que iba a cobrar y un sinfín de trámites burocráticos. Otra fue en un teatro de Madrid (La Escalera de Jacob) en el que tenía programados diversos shows y después de que la persona dueña del lugar viera en qué consistían los mismos y quedara totalmente aterrorizada decidió que no se continuara haciendo a pesar de tener el teatro lleno o casi lleno en cada uno[135]. Estas dos veces era de algún modo predecible la cancelación del show pero de la que os quiero hablar (que es sin duda el origen de atribuir al feminismo esta patología bizarra que ahora explicaré) provino a modo de censura del lugar más inesperado: una okupa anarcofeminista y *queer* en Berlín llamada anteriormente Schwarzer Kanal[136].

En este lugar, cada año, hacen un festival *queer* de cine y otras artes llamado Entzaubert[137]. Yo apliqué a la convocatoria que habían abierto unos meses antes para participar pues en esas fechas pasaba por Berlín y me pareció un buen lugar donde presentar mi trabajo y el de mi compañera con la que andaba viajando y performando, Ona Cots[138], tatuadora y fakir. Aceptaron la propuesta y estábamos muy emocionadas por llegar a un lugar del que habíamos oído hablar muy bien. Al llegar a Berlín (a dos días de la performance) recibo un mail de la persona de Kanal con la que me había estado comunicando diciendo que no va a poder realizarse la performance pues dos personas de la asamblea del espacio (esa asamblea estaba compuesta por unas veinte gentes) la habían bloqueado pues las ponía en riesgo y las ofendía. El argumento para censurarnos fue que ellxs habían sido violadas y no querían ver nada relacionado con sexo explícito (aunque fuera consensual) ni sangre ni violencia (aunque nuestra violencia realmente no era tal pues el BDSM es otra cosa totalmente diferente por eso mismo del consenso). Alegaron que al ser al aire libre el escenario no había modo de "proteger" a las personas

---

134. https://hemisphericinstitute.org/es/

135. En este caso me dieron la excusa de que estaban reparando el aire acondicionado (era julio) pero fui al día siguiente medio de incógnito y aquello funcionaba perfectamente.

136. Sacaron en 2016 la palabra "negro" (*schwarzer*) de su nombre y ahora son Kanal nomás: *https://kanal.squat.net/*

137. Sospecho que 2016 fue la última edición del festival. Quizas la triggerwarnitis lo mató.

138. *http://madeinpaintattoo.tumblr.com/*

de los posibles daños que pudiera ocasionarles lo que iban a presenciar, dijeron que no era posible utilizar *trigger warnings*[139] y que debía cancelarse. Esa fue la primera vez que oí hablar de *trigger warnings* y de donde he sacado el nombre de esta patología del feminismo: la triggerwarnitis. A la cuál le añadí los adjetivos de aguda terminal porque creo que la cosa ya ha llegado a niveles insostenibles para cualquier lucha o comunidad en resistencia.

Esta persona con la que estaba en contacto estaba entre avergonzada y asustada por lo sucedido. Aquel despropósito me molestó mucho más cuando al ver el programa me di cuenta de que se iba a proyectar un documental de Lucía Egaña[140] en el que yo aparezco hablando justamente de mi trabajo y del postporno de Barcelona. O sea, mi performance en vivo estaba vetada pero mi performance en video no.

No entendía por qué si estas dos personas prejuzgaban que nuestro show pudiera herirlas, no podían sencillamente abstenerse de venir. No entendía por qué antes de la performance alguien no podía agarrar un megáfono y decir que contenía escenas de sexo en vivo y de sadomasoquismo y fakirismo. Se me hizo que su solución no estaba basada en la practicidad, el respeto a la forma de expresión de lxs demás o en querer construir un espacio más seguro (emocionalmente hablando) para todxs sino en el miedo y el cansancio de una comunidad cooptada por un par de víctimas con poder.

Como resultado de esos hecho surgió un texto (escrito por mí y otrxs personas) llamado *Declaración anarkaqueer feminista en contra de lo P.C., las víctimas y la policía queer*[141] que está publicado en varios idiomas.

Me presenté en su siguiente asamblea y lo repartí en castellano e inglés a todxs lxs asistentes. De algún modo quería intentar un debate constructivo y, ante todo, que habláramos frente a frente, pues todo aquel proceso de censura se había dado de manera virtual. Luego me di cuenta de que las personas que usan este tipo de estrategias lo último que quieren hacer es poner la cara. Porque son unxs auténticxs cobardes.

La triggerwarnitis es una forma de autovictimización creada para ganar poder, atención y contra-privilegios[142] de forma rápida e incuestionable. También, a quienes la contraen, les calma las ansias casi innatas de todx humanx por ejercer de policías en sus círculos, por reducidos que éstos sean, y de tener un control real

---

139. *Trigger warning* básicamente significa "advertencia".

140. *Mi sexualidad es una creación artística* (2011). *https://vimeo.com/18938067*

141. *https://monstersdeclaration.wordpress.com/esp/*

142. Un contra-privilegio es cuando una persona carece de un privilegio en la sociedad y eso le da merecidas ventajas en sus círculos de disidencia pero las aprovecha para establecer las mismas relaciones jerárquicas de dominación que sufre fuera de esos círculos.

sobre las vidas de lxs demás. Ciertamente es una enfermedad muy peligrosa pues quienes están bajo sus influjos generalmente pierden el discernimiento entre defender a la comunidad y pastorearla, que son dos cosas muy diferentes.

Por supuesto, no estoy negando que existan los traumas y sí considero que tenemos que cuidar a las personas que los cargan de recuerdos o ideas que pudieran alterar sus procesos de sanación. El tema es que se han instrumentalizado esas herramientas de advertencia para fines muy distintos de la protección emocional de las personas. Generalmente este abuso de las advertencias está ligado a cuestiones de sexofobia, de luchas de poder y de egos sobrealimentados.

Me llama mucho la atención la gente que encabeza sus escritos con la señal "TW" y a continuación indican el tema de lo que van a hablar. ¿De qué nos estamos "protegiendo"? ¿A quiénes protegemos? El puto sistema patriarcal, esa jungla de violencia y muerte que existe ahí afuera, está plagado de *trigger warnings* cuya función es entorpecer el crecimiento de las personas y su aprendizaje de la vida y el mundo. Es pura estrategia paternalista que asume que las personas no pueden decidir por sí mismas lo que ver, oír y leer y que requieren de un "Estado" sabio y vehemente para que las proteja de lo dañino. ¡A la mierda! No quiero que nuestra lucha se convierta en una réplica del enemigo a pequeña escala. ¡Dejemos de imitarlo, por favor!

Desde mi perspectiva, cuando una persona muy lastimada por su historia personal llega a una comunidad antisistema lo primero que debería hacer es, de hecho, advertir a lxs demás de sus traumas y heridas. Y que esa comunidad, por un lado, debería decidir de forma consensual si se tienen ganas, aptitudes y tiempo de cuidar a alguien en ese estado y, por otro, qué medidas se van a adoptar para contribuir a su sanación (en caso de que se quede) sin que genere perjuicios a ninguna otra persona. Una víctima mal ubicada, empoderándose (y creyendo sanarse) mediante manipulaciones y juegos de poder, no es más que una garrapata enorme que sin duda tiene el poder de destruir hasta sus cimientos a cualquier grupo de disidentes.

¡Necesitamos parar la triggerwarnitis! ¡Es una emergencia!

FEMINISTOMETRIOSIS

Sobre quién es o quién puede ser feminista, o quién es más o menos feminista creo que está tristemente centrada una buena parte de la crítica interna que nos hacemos entre nosotrxs. Digo tristemente porque con prácticas así nos acercamos al enemigo (porque nos parecemos a él) y nos alejamos de ser una comunidad unida, empoderada y con capacidad de autocrítica constructiva.

El famoso "feministómetro" resulta algo así como un chip, un radar, un dispositivo de control que nos hubieran metido hasta bien dentro del culo los mismísimos alienígenas del mal. Sinceramente se trata de una cosa que nos hace más parecer una secta o un club exclusivo de socias que un grupo de personas luchando por justicia social, derechos humanos e ideales.

De hecho, no sé si sabrán, pero una inmensa parte de las mujeres que luchan por sus derechos y libertades en el mundo, no se consideran ni se nombran feministas. Algunas porque no saben que a eso que hacen nosotras le llamamos feminismo, otras porque sabiéndolo les parece una cosa imperialista, colonialista y de mujeres blancas.

Yo sé que a muchas de nosotras el feminismo nos salvó la vida y que por ello proteger la lucha nos lo tomamos como una cosa bien personal. Se trata de un conjunto de ideas y armas que entró en nuestras existencias derrumbándolo todo y otorgándonos la posibilidad de sentirnos por fin acompañadas, tenidas en cuenta, con capacidades para modificar nuestras (a veces muy tristes) realidades. Pero no nos deberían importar tanto los motivos por los que las demás son feministas, sino más bien alegrarnos del hecho de que lo sean sin juzgar de qué modo llevan a cabo sus prácticas de lucha porque de seguro, desde sus mentes, ellas están llevando a cabo acciones justas. ¿O acaso creen que las abolicionistas solo existen para jodernos la existencia a las que no lo somos? Siento que especialmente cuando dos o varias formas de entender el feminismo se perjudican entre sí es cuando deberíamos desactivar este juicio de a ver quién es más digna de la lucha y ponernos a pensar de qué modo nuestras maneras de accionar feminismo podrían complementarse sin joderse. Sé que hay algunas cosas irreconciliables pero desactivar la pestañita de "feminista" en ellas es la solución más cutre y más desprovista de inteligencia que he visto. Es un no querer admitir que feminismos hay muchos y que algunos nos cagan profundamente precisamente por eso: porque también son feminismo, nos guste o no.

Cualquier excusa es buena para pasar al alguien por el test del "feministómetro": es hombre, es mujer heterosexual, es lesbiana monógama, trabaja para el Estado, vive de becas, es madre (sobre todo si lo es de un hijo "varón"), no se ha leído a la tal o la cual, es abolicionista, no se declara públicamente feminista, trabaja para jefes/clientes hombres, y un largo y desafortunado etcétera. Si observamos bien, ninguna de ellas podría ponerse como una verdadera contradicción con el grueso de las ideologías feministas. No se trata de un "Soy un macho orgulloso, me encanta estrangular mujeres y soy feminista" o "Adoro el sistema patriarcal y me hinco de rodillas frente a él porque soy una sierva sumisa y feminista". O sea, quienes se denominan feministas, SON feministas, aunque sus maneras de llevarlo a cabo nos parezcan intolerables o impropias del feminismo que nosotras practicamos. Podemos decir que no nos parecen feministas válidas o que su feminismo no nos gusta, o incluso que su feminismo es parte del enemigo, pero que no son feministas, hm, no creo. ¿Por qué le presuponemos al feminismo la virtud de no equivocarse si está construido por humanxs y por tanto seres con la maravillosa posibilidad de errar?

Dentro de esta patología hay una afección que ya lleva mucho tiempo causando un daño terrible a todas nuestras compañeras y hermanas trans. Posiblemente ellas fueron la "paciente cero" de este virus ultradestructivo denominado Feminismo Radical[143]. Qué gilipollez de nombre, para empezar y qué pena que una panda de absurdas coñócratas se hayan apoderado de una palabra tan bella como "radical". Radical significa "de la raíz" y la raíz del feminismo (que por supuesto no inventaron las sufragistas) no está en el hecho de ser diagnosticada mujer en el momento del nacimiento, sino en la firme intención por parte de las personas oprimidas por el patriarcado, de destruirlo y modificarlo para construir otra cosa mejor.

Si entendemos el feminismo como el combate contra esa estructura patriarcal dominante, es muy ridículo que a estas alturas sigamos pensando que el único sujeto afectado negativamente por la misma sea "la mujer". Pero es más ridículo aún que usando los mismos preceptos absurdos que el enemigo usa para consolidar y cerrar las categorías que lo sustentan (hombre/mujer), como podría ser la genitalidad de una persona, existan estos feminismos nefastos aplicando el "mujerómetro" a personas tan maltratadas por el patriarcado como son las mujeres trans.

Es muy ofensivo y doloroso para mí tener que leer y escuchar en boca de feministas que las compas trans nos ponen en peligro pues no son más que hombres que, camuflados de mujer, se infiltran entre nosotras para violarnos y amedrentarnos ejerciendo su practicado rol de dominación de las mujeres. ¡Venga ya!

Tenemos que parar esto, y si no podemos pararlo al menos tenemos que empezar a protegernos de sus consecuencias y efectos. Creo que todo parte un poco de dejar de hacerlo nosotras mismas con las demás. Si nos molesta el feminismo de alguien argumentemos por qué, pero no nos libremos de la responsabilidad alegando que "eso no es feminismo" es muy pobre y deja mucho que desear. Es muy desempoderante que una feminista te diga que tú no lo eres por "x" causa y tenemos que vacunarnos de que algo así nos siga destruyendo.

Como dice la escritora mexicana Fernanda Melchor "El fracaso es lo único que puede sacarte de tu zona de confort"[144]. Creo que estar como estamos es un

---

143. Por supuesto, esto como otras muchas de las imbecilidades importadas, también viene de Estados Unidos y ha tenido y sigue teniendo importantes focos en Latinoamérica y la Europa mediterránea. Una las manifestaciones más mediocres y sonoras del RadFem o Feminismo Radical fue la del Michingan Womyn's Festival (festival de Mujeres de Michigan) que durante sus 40 años de existencia prohibió la entrada a las mujeres transexuales y transgénero por considerarlas "hombres disfrazados".

144. Fernanda Melchor es una escritora mexicana (Veracruz, 1982) que me encanta por su forma cruda y sutil de narrar realidades, aunque sean imaginarias. *https://twitter.com/fffmelchor*

fracaso estrepitoso. El tema es darnos cuenta de que lo es. Repito lo que mencioné en el capitulo de salud: no es posible curar una enfermedad cuyos síntomas nos parecen normales.

Ahora ¿qué vamos a hacer? Soy toda oídos.

Con amor y rabia,
Diana.

AGRADECIMIENTOS

Tengo profunda gratitud por las dos personas que me enseñaron a pensar: José Ramón Junyent y Pifi Torres. Sin vosotrxs no sería lo que soy y lo que soy me gusta mucho. Gracias por haberlo hecho tan bien y gracias por vuestro desmedido apoyo en el proceso de escritura de este libro.

A la perra hermana Klau Kinki que le puso el título a este libro.

A mi Chinampina preciosa (Rocío Aranda de la Figuera) que me alegra la existencia con su salero, sus panes y su amor.

A Amie Tetlowski de la Torre, mi querida sista que siempre que pasa por mi vida lo hace para generar cambios radicales, muy buenos.

A Karla Bañuelos Monroy, porque haberla conocido y que sea mi sobrina/amiga me ha puesto mucha luz en el futuro.

A Daniel Valencia Sepúlveda por su valentía de existir y por su ayuda inestimable en la campaña de financiación para imprimir la primera versión de este libro.

A mi familia de México: Bruno Cuervo, Amalia Ospina, Delirium Candidum, Geni Granado, Liz Misterio, Assur Bañuelos, Álex Xavier Aceves Bernal, Nadia Granados, Sayak Valencia, Felipe Osornio y Sorshamn Lara, Alejandra Rodríguez, Vicky Torres, Picus, Sapo, Toño, Allan Muerto, Katja Von Helldorf, Edgar Sandino, Ignacio Pineda y el Foro Alicia, Trixia y Ambar, Toño Zaragoza, Satya Vinaver, la Bruja de Texcoco, Miguel Ángel Ángeles, y un montón de nombres que seguro me estoy dejando. No se enojen si no se ven acá: ¡reclamen y lxs invito a unas chelas!

A Marianna Garcés Torres, sin cuya ayuda este libro no sería posible. Ella me proveyó de un espacio increíble en La Mansión del Bosque (el hotel de su abuela en San Miguel de Allende,) donde enclaustrarme y por fin, poder escribir. Siempre te estaré inmensamente agradecida.

A Gioko La Chakala que nos queremos tanto.

A Diana Alva Álvarez por ayudarme tanto con sus ingenierías del pensamiento y las emociones.

A quienes me dieron dinero y provisiones cuando no tenía ni para cartuchos de la impresora: Carmen Monzonís, Pablo Raijenstein, Iratxe Ugarte, Danae Liambey, Satya Vinaver, Dani D'Emilia, Lu Sánchez, Denial Pit y Xavi Ruiz.

A las compas de la Escuela para la Libertad de las Mujeres de Oaxaca (Lidia, Norma, Viry y al resto del equipo).

A las personas que son importantes en estos devenires afectivos y políticos y de las que aprendí cosas importantes: Pedro Soler, LadyZunga, Yecid Calderón, Ilani Ovarios Podridos, Zappa Punk, Lola Perla, Michelle Matiuzi, Asor, Herani Hache, Mota&Coca de la Pacha Queer (Ecuador) y Kelly, Lucía Egaña Rojas, Itziar Ziga, María Perkances, Radie Manssour, Caro Novella, Rodrigo Lanza, Mariana Huidobro, Katu Lanza, Urko y Majo PostOp, María Llopis, Cecilia Puglia y Kina Rey de Quimera Rosa, Lirba Cano y Héctor Robledo de Cuerpos Parlantes (Guadalajara), Maria Mitsopoulou, Elenita Rodríguez, Daniela Ortíz, Denise Alamillo, Emi, Lía García, Idoia Millán, Wilko Tóxico, Silvia Resorte, Antoni Arigita, María del Carmen González Hernández, Daniela Moreno, Frida Cartas, Miriam Solá, Daya Ortiz, Caye Cayejera, Mare Advertencia Lírika, Tokio SS, Mónica Ortiz, Indisorder, Tadeo Cervantes, Poper Nicolás Marín, Odaymar y Olivia de Krudxs Cubensi, Deny, Bea Fiona, Carla Larrea, Constanza Piña, Peque Mayorga y Stefy Puga, Graham Bell Tornado y Anna Maria Staiano de La Errería House of Bent, Ahmoxis Pinilla, Alfonso Venegas, Mario Andrés González, Alexa Taboada, Katia Tirado, Ona Cots, Valentine Rossi, Diana Garzón, Yasmin Rasidgil, Sheree Rose, Annie Sprinkle, Beth Stephens, Courtney Trouble, Kale Roberts, Ron Athey, Lydia Lunch, Martin O'Brien, Heidi y David Fanning, Michael Andrew Clark, Miriam Casal, las hermanas Iturrioz, Ali Pano, Verónica Arauzo, Rosario Gallardo, Noema Pascuali, Marikarmen Free, Silvia Villullas, Kary Ramírez, Slavina, Erika Bulle, las increíbles Vaginoplastia (Rafa, Cristina y Mar), María Basura, las O.R.G.I.A. Carmen, Tatiana y Bea, Charo Hernández Catalán, Vero y Sara de Eskanda, La Casa Invisible de Málaga, Mariana Echeverri y Lola Clavo, y muchísimas personas más que pasaron o están en mi vida para modificarla, radicalmente.

También para todas las personas que aportaron dinero para la impresión del libro a través de Verkami (gracias también a vosotrxs ¡sois geniales!): Silvia Resorte, @heretikradikal, mery sut, Rut Mijarra, Albert San José, Anaïs de Sexofonia, Marta Sala, Tara Vega, Frankie Ypunto, Àngels Córcoles, Leyre y Mónica, Luz, Ann Alògica, @seuck, Dri T., Mara Haro, Sheree Rose, Ali Sola, Agustinx Märkl, Marta Profa Mates, Luan, Keka Mangas-Verdes, Ata, EleZava, Mariajo Pacheco, Elisende Coladan, Clara Casals Juni, David G. Company, Anna Parés València, Lázaro Louzao, María Llopis, Soraya, Luz Helena Zapata, Be Lén, Mélanie Aliaga Lavrijsen, Satya Vinaver, Helen Torres, Carmen Trevías, Magicsof,

Pedro J. Martos Fernández, Diana Poladura, Centro KessiDs, Michael Andrew Clark, Heliotropo Fernández, Miriam Casal, Playa Medusa, Xoán M. Carreira, Iris Hinojosa, Daya, Virginia Fidalgo, Joudith, Idoia Llama, MARTA SALA, Mar Gallego, Claudia de la Luna, Sarra, Crecen, Beatriz7oct., Rakula y Guada, Martín Vázquez Añel, Inés Rrose Sélavy, Estefania Mata, spacerawrs, Àngels Córcoles, Inés Nofuentes, Nac Bremón, Mónica Ortiz Ríos, Amie Gabriel Tetlowski, Marina Freixa, Hache, Enric Celaya, Ana Matricia, txe roimeser, marlen abramarastra, Maider Tornos-Urzainki, Luz Lozano García, Laura Carasusán, Núria Güell, Ares Gascón, Iván "el Pelos", Raquel Artigot Noguer, Paula Ten Ventura, Bruno, ricke, Núria RsBuil, Mariuka, Rosi Salvatierra, Andrea Galindo Alemán y Alicia Culebras Aguado.

A mi compañera de vida, Soto, por prestarme su impresora para poner sobre papel las últimas pruebas de este libro y por prestarme su corazón para hacer de él mi hogar mas firme y seguro.

Y por último y no menos importante, a mis muertos y muertas queridxs que me cuidan, me protegen y me acompañan desde allá donde quiera que estén: Patricia Heras Méndez, Javier Amilibia, Tim Stüttgen, LadyZunga, Leoncio Torres López y Sofía Amada Agüero Mayoral.

BIBLIOGRAFÍA

ARSUAGA, José Luis: *Los aborígenes: la alimentación en la evolución humana.* RBA Libros, Barcelona, 2002. Descarga el libro aquí: *https://archive.org/details/LosAborigenesJuanLuisArsuaga*

ARSUAGA, José Luis; MARTÍNEZ, Ignacio: *La Especie Elegida.* Ediciones Temas de Hoy, Barcelona, 1998. Descarga el libro aquí: *https://www.academia.edu/18275946/LA_ESPECIE_ELEGIDA*

Autoría semi-anónima colectiva: *Drogas ¿Una opción personal?* Editado por El Grillo Libertario, Eztabaida Argitalpenak-Liburundenda, Distri Maligna y Violent World, Madrid, 2012. Descarga el libro aquí: https://archive.org/details/DrogasUnaOpcinPersonal

Autoría anónima: *Mi camino es de todo menos hetero: hacia una crítica queer radical de la cultura de la droga.* Distribuidora Peligrosidad Social, Madrid, 2015. Descarga el fanzine aquí: *https://archive.org/details/mi-camino-es-de-todo-menos-hetero2*

Autoría semi-anónima colectiva. *Revista Yicasta.* Distri Estreitechista, Valencia. Descarga la revista aquí: https://archive.org/details/revista_yicasta

CASTANEDA, Carlos: *Las Enseñanzas de Don Juan: Una Forma Yaqui de Conocimiento.* Fondo de Cultura Económica, México, 2000. Descarga el libro aquí: *https://archive.org/details/CastanedaLasEnseanzasDeDonJuan*

Confraternidad Straight Edge Zine. Número 1, Buenos Aires, 1993. Descarga el fanzine aquí: *https://archive.org/details/confraternidad_straightedge1_argentina*

Confraternidad Straight Edge Zine. Número 2, Buenos Aires. Descarga el fanzine aquí: *https://archive.org/details/confraternidad_straightedge2_argentina*

D'ADAMO, Peter J.: *Los grupos sanguíneos y la alimentación.* Biblioteca Nueva Era, Argentina. Descarga el libro aquí: *https://archive.org/details/ESDadamoPeterJEatRight4YourType*

ESCOHOTADO, Antonio: *Historia general de las drogas.* Alianza Editorial, Madrid, 1998. Descarga el libro aquí: *https://archive.org/details/HistoriaGeneralDeLasDrogas*

ESCOHOTADO, Antonio: *Aprendiendo de las drogas. Usos y abusos, prejuicios y desafíos.* Ed. Anagrama, Barcelona, 1995. Descarga el libro aquí: *https://www. academia.edu/30308909/Escohotado_Antonio_Aprendiendo_de_las_drogas*

EASTON, Dossie; HARDY, Janet W.: *Ética Promiscua. Una guía práctica para el poliamor, las relaciones abiertas y otras aventuras.* Editorial Melusina, Barcelona, 2013. Descarga el libro aquí: *https://archive.org/details/EticaPromiscuaDossieEaston*

FORCADES I VILA, Teresa: *Los crímenes de las grandes compañías farmacéuticas.* Ed. Cristianisme i Justícia, Barcelona, 2006. Descarga el libro aquí: *https:// archive.org/details/teresaforcades_farmaceuticas*

FORSTMANN, Matias; BURGMER, Pascal; MUSSWEILER, Thomas: *The Mind Is Willing, but the Flesh Is Weak: The Effects of Mind-Body Dualism on Health Behavior.* Revista *Psychological Science,* publicada por Association for Psychological Science, número 20, Estados Unidos, 2012. Descarga el artículo aquí: https://archive.org/details/separacioncuerpomente

GOETZSCHE, Peter C.: *Medicamentos que matan y crimen organizado.* Libros del Lince, Barcelona, 2014. Descarga el libro aquí: *https://www.scientificfreedom.dk/wp-content/uploads/2022/07/Gotzsche-Medicamentos-que-matan-y-crimen-organizado.pdf*

GOETZSCHE, Peter C.: *Deadly Psychiatry and Organised Denial.* Ed. People's Press, Dinamarca, 2015. Descarga el libro aquí: *https://archive.org/details/GtzscheDeadlyPsychiatryChapter1*

GUERRA-DOCE, Elisa: *The Origins of Inebriation: Archaeological Evidence of the Consumption of Fermented Beverages and Drugs in Prehistoric Eurasia.* En *Journal of Archaeological Method and Theory,* Volúmen 22, Número 3, Nueva York, 2015. Págs. 751-782. Descarga el artículo aquí: *https://archive.org/details/ drogas_prehistoria*

LUENGO-FERNÁNDEZ, Ramón; LEAL, José; GRAY, Alastair; SULLIVAN, Richard: *Economic burden of cancer across the European Union: a population-based cost analysis.* En la revista *The Lancet,* volúmen 14, Oxford, 2013. Descarga el artículo aquí: *https://archive.org/details/luengofernandez2013*

MORA, Félix Rodrigo: *Borracheras NO! Le joven ingeniero ediciones, España, 2015. Descarga el libro aquí: *https://archive.org/details/borracheras-no*

PÉREZ OROZCO, Amaia; LAFUENTE, Sara: *Economía y (trans)feminismo; retazos de un encuentro.* En *Transfeminismos. Epistemes, fricciones y flujos.* Editorial Txalaparta, País Vasco, 2013. Págs. 91-108. Descarga el libro aquí: *https://archive.org/details/transfeminismos_epistemes_y_flujos*

PÉREZ OROZCO, Amaia: *Subversión feminista de la economía. Aportes para un debate sobre el conflicto capital-vida.* Editorial Traficantes de Sueños, Madrid, 2014. Descarga el libro aquí: *https://archive.org/details/map40_subversion_feminista_201705*

Fanzine Tiempo de cambio. Número 2, Buenos Aires, 1994. Descarga el fanzine aquí: *https://archive.org/details/TIEMPODECAMBIONumeroDosSXEArgentina_201705*

WRANGHAM, Richard: *Catching Fire: how cooking made us human.* Basic Books, Nueva York, 2009. Descarga el libro aquí: *https://archive.org/details/CatchingFireHowCookingMadeUsHuman*

WEBB, Gary: Dark Alliance. *The CIA, the contras and the crack cocaine explosion.* Seven Stories Press, Nueva York, 1998. Descarga el libro aquí: *https://archive.org/details/DarkAllianceTheCIATheContrasAndTheCrackCocaineExplosionGaryWebb1998*